МЕКСИ
ДОМАШНА КУХНЯ

100 НЕВЕРОЯТНИ РЕЦЕПТИ ОТ АВТЕНТИЧНА ТРАДИЦИОННА МЕКСИКАНСКА КУХНЯ

Александра Пътечкова

Опровержение

Информацията, съдържаща се в тази електронна книга , има за цел да служи като изчерпателна колекция от стратегии, за които авторът на тази електронна книга е направил проучване. Обобщенията, стратегиите, съветите и триковете са само препоръки от автора и четенето на тази електронна книга няма да гарантира, че нечии резултати ще отразяват точно резултатите на автора. Авторът на електронната книга е положил всички разумни усилия, за да предостави актуална и точна информация за читателите на електронната книга. Авторът и неговите сътрудници няма да носят отговорност за неволни грешки или пропуски, които могат да бъдат открити. Материалът в електронната книга може да включва информация от трети страни. Материалите на трети страни съдържат мнения, изразени от техните собственици. Като такъв, авторът на електронната книга не поема отговорност за материали или мнения на трети страни. Дали поради развитието на интернет или непредвидените промени в политиката на компанията и насоките за редакционно представяне, това, което е заявено като факт по време на писането на това писмо, може да стане остаряло или неприложимо по-късно.

СЪДЪРЖАНИЕ

ВЪВЕДЕНИЕ

Мексиканската кухня се състои от готварските кухни и традициите на съвременната държава Мексико. Най-ранните му корени са в мезоамериканската кухня. Неговите съставки и методи започват с първите селскостопански общности като маите, които опитомиха царевицата, създадоха стандартния процес на никстамализация на царевицата и установиха своите хранителни пътища.

Днешните основни хранителни продукти са местни за земята и включват: царевица (царевица), боб, тиква, амарант, чиа, авокадо, домати, томатилос, какао, ванилия, агаве, пуешко, спирулина, сладки картофи, кактус и лют червен пипер. Неговата история през вековете е довела до регионални кухни, базирани на местните условия, включително Baja Med, Chiapas, Veracruz, Oaxacan и американските кухни на New Mexican и Tex-Mex.

Мексиканската кухня е важен аспект от културата, социалната структура и популярните традиции на Мексико. Най-важният пример за тази връзка е използването на къртица за специални поводи и празници, особено в южните и централните райони на страната.

Има общоприето схващане, че мексиканската храна е едновременно пикантна и тежка, но всъщност истинската мексиканска храна има както дълбочина на вкуса – със своята комбинация от пикантни и земни вкусове - така и свежа лекота от щедрото използване на пресни билки, зеленчуци и цитруси. В по-голямата част от Мексико би било много необичайно да се сложи сирене в тако, енчилада или тостадо, например, и ако се използва, ще бъде мексиканско сирене панела (гладко, прясно, бяло сирене).

ЗАКУСКИ

1. Печени сладки картофи с чесън

4 порции

съставки

- 1-1/2 паунда необелени сладки картофи, нарязани на 1/2-инчови парчета
- 12 скилидки чесън, обелени и нарязани на две
- 1 супена лъжица екстра върджин зехтин
- 1-2 супени лъжици смляно серано или халапеньо чили 3/4 чаена лъжичка сушена мащерка 1/2 чаена лъжичка кошер сол
- 1/2 чаена лъжичка черен пипер

Упътвания

a) Загрейте предварително фурната и тигана. Поставете 12-инчов огнеупорен тиган или гювеч, достатъчно голям, за да побере картофите на един слой във фурната, загрейте котлона до 375°F и загрейте тигана за 30 минути.

b) Смесете съставките. Докато тиганът се загрява, комбинирайте всички съставки в купа.

c) Изпечете картофите. Извадете загрятия тиган от фурната и веднага разпределете равномерно смесените съставки. Сложете тигана във фурната и печете картофите за 45 минути, като разбърквате на всеки 15 минути, за да се изпекат равномерно.

2. Печен карфиол

4 порции

съставки

- 1 много голяма глава карфиол (около 1 фунт 6 унции след подрязване), нарязана на цветчета с диаметър 1-3 инча
- 1-1/2 супени лъжици зехтин екстра върджин
- Прясно смлян черен пипер, на вкус
- 8 скилидки чесън, едро нарязани
- 2 супени лъжици козе сирене или пармезан като заместител

Упътвания

a) Загрейте фурната си до 375°F.

b) Пригответе и изпечете карфиола. Подредете цветчетата в тава за печене, която ще ги побере на един слой, със стъблата нагоре.

c) Добавете зехтина, черния пипер и половината чесън и разбъркайте. Пече се 25 минути.

d) Ако карфиолът се е зачервил отдолу, обърнете го така, че запечената страна да е нагоре. Ако все още не е кафяво отдолу, продължете да печете, докато стане, след което го обърнете и добавете останалия чесън. Намалете топлината до 350°F и продължете да печете, докато карфиолът омекне и покафенее добре, 20-25 минути или общо 45-55 минути.

e) Довършете ястието. Когато карфиолът е крехък и златисто кафяв, извадете го от фурната и веднага поръсете върху сиренето.

3. Печени моркови

4 порции

съставки

- 1-1/2 килограма моркови, обелени и нарязани на парчета
- 6 скилидки чесън, обелени и натрошени
- 1-1/2 супени лъжици зехтин екстра върджин
- 1/4 препълнена чаена лъжичка сушена мащерка
- Прясно смлян черен пипер, на вкус
- 1/4 препълнена чаена лъжичка сол

Упътвания

a) Загрейте фурната си до 400°F.

b) Поставете морковите в 12-инчов железен тиган или върху тава за печене, достатъчно голяма, за да ги побере на един слой. Разбъркайте останалите съставки, покрийте тигана плътно с фолио и печете за 30 минути. Отстранете фолиото и продължете да печете за 20 минути.

c) Разбъркайте и печете още 5-10 минути, или докато морковите покафенеят добре.

4. Позоле гарнитура

Около 10 порции

съставки

- 1-1/2 чаши сушена хомин
- 1/2 чаша нарязан лук
- 1/2 чаша печени, обелени и нарязани пресни зелени люти чушки Ню Мексико, Анахайм или Поблано
- 1 чаена лъжичка изсушен лист риган
- 1/4 чаша нарязан домат
- 3/4 чаена лъжичка сол
- 1/2 чаена лъжичка прясно смлян черен пипер

Упътвания

a) Накиснете хомината. В деня, преди да планирате да сервирате Pozole, сложете мамалигата в купа, покрийте я с няколко инча вода и я оставете да кисне на стайна температура за 24 часа.

b) Сгответе Позола. Отцедете хомината и изхвърлете водата от накисването. Изплакнете мамалигата, поставете я в тенджера и я покрийте с 2 инча вода. Оставете да заври, добавете останалите съставки и оставете да къкри, частично покрити, докато ядките станат ал денте и изглежда, че ще се пръснат, около 2-2-1/2 часа.

c) Открийте съда и продължете да къкри, докато почти цялата течност се изпари.

5. Кактус опунция на скара

4 порции

съставки

- 4 средно големи, но тънки гребла от опунция Сол
- Спрей за готвене

Упътвания

a) Запалете огън на дървени въглища или дърва или предварително загрейте газова скара до висока степен.

b) Подгответе кактуса. Отстранете всички бодли или възли от лопатките с нож за стърготини или с края на белачка за зеленчуци, като използвате щипки и много внимавайте да не се нараните от бодлите. Отрежете и изхвърлете около 1/4 инча от периметъра на всяко гребло. Направете успоредни резени върху лопатките по дължина на около 1 инч една от друга, от заоблените върхове до около 2 инча от основата на всяка лопатка. Хвърлете лопатките с достатъчно сол, за да покрие двете страни, и ги оставете да престоят 15 минути в гевгир или в чиния.

c) Изпечете кактуса на скара. Изплакнете солта, подсушете кактуса и напръскайте обилно двете страни със спрей за готвене. Печете от двете страни до омекване и сервирайте с печени храни.

6. Чилес Анчос Реленос

4 порции

съставки

За лютите чушки

- 1 супена лъжица масло
- 2 чаши тънко нарязан бял лук
- 3 скилидки чесън, обелени и натрошени
- 2 супени лъжици паста от тамаринд, разтворени в 2 чаши гореща вода
- 1 чаша мелао (тръстиков сироп) или кафява захар
- 1/2 чаена лъжичка изсушени листа риган
- 1/2 чаена лъжичка сушена мащерка
- 1/2 чаена лъжичка сол
- 8 средни до големи люти чушки анчо, нарязани надолу от едната страна, с отстранени семки

За плънката

- 4 чаши печени сладки картофи с чесън
- Печени моркови
- 2 унции козе сирене, настъргано
- Щипка сол
- 2 супени лъжици зехтин екстра върджин

Упътвания

a) Пригответе лютите чушки. Загрейте олиото на слаб до среден огън в средно голяма тенджера. Добавете лука и гответе, докато покафенее леко. Добавете чесъна и гответе още една минута.

b) Разбъркайте вода с аромат на тамаринд, мелао, риган, мащерка и сол.

c) Добавете лютите чушки, покрийте и гответе на тих огън за 10 минути. Свалете тигана от котлона, открийте и охладете за поне 10 минути.

d) Направете плънката. Докато лютите чушки се охлаждат, смесете сладките картофи и/или морковите и queso fresco или panela. Разбийте заедно солта и олиото и ги разбъркайте със зеленчуците.

e) Напълнете и сервирайте лютите чушки. С помощта на голяма решетъчна лъжица извадете лютите чушки в цедка и ги отцедете за 5 минути.

f) Внимателно сложете с лъжица около 1/4 чаша от пълнежа във всяка люта чушка и сложете по 2 на всяка от четири чинии. Върху всяка порция поръсете по малко от лука и отгоре поръсете със сиренето. Сервирайте на стайна температура.

7. Печени картофи с розмарин и черен боб

4 порции

съставки

- 1/4 чаша екстра върджин зехтин
- 3 скилидки чесън, необелени
- 3 супени лъжици пресни листа от розмарин
- 2/3 чаша вода
- Малко 1/4 чаена лъжичка сол
- 12 унции червени или юконски златни картофи, нарязани на 3/4-инчови парчета
- 2 люти чушка халапеньо, отстранени семките и вените, нарязани на кръгчета с дебелина 1/8 инча
- 1 чаша сварен и изплакнат черен боб
- 2 ромски домата, нарязани на 1/2-инчови парчета
- 1 голямо авокадо, нарязано на 1/2-инчови парчета
- 1/4 чаша ситно нарязан кориандър
- 3/4 чаша настъргано, частично обезмаслено мляко
- Козе сирене
- 2 супени лъжици лют сос, като Sriracha
- 1/4 чаша заквасена сметана или тофути

Упътвания

a) Направете ароматизираното масло. Поставете олиото, чесъна и розмарина в подходящ за микровълнова фурна съд и ги загрейте в микровълнова фурна за 30 секунди на висока степен. Изчакайте 15 секунди и повторете.

b) Оставете ястието да престои покрито на стайна температура за 2-3 часа и след това прецедете маслото в друг съд, като изхвърлите чесъна и розмарина. Разбъркайте водата и солта и резервирайте.

c) Изпечете картофите. Загрейте фурната си до 425°F. Поставете картофите в 9-инчов чугунен тиган или подобен подходящ за фурна съд, добавете сместа масло-вода и оставете да къкри на средно силен огън. Сложете тигана във фурната за 30 минути.
d) Извадете от фурната, добавете кръгчетата халапеньо, обърнете картофите и печете още 15 минути или докато картофите станат златистокафяви.
e) Смесете зеленчуците. Докато картофите се пекат, в купа смесете черния боб, доматите, авокадото и кориандъра и ги резервирайте. Довършете ястието. Разпределете картофите в четири чинии, наредете отгоре с равни части от зеленчуковата смес и гарнирайте със сирене, лют сос и заквасена сметана или тофути.

8. Омлет от телешки живовляк

Добив: 4 порции

Съставка

- 3 Много зрели плантани
- Олио за пържене
- 1 Лук; нарязани
- $\frac{1}{2}$ Зелен пипер; нарязани
- 2 Скилидки чесън
- $\frac{1}{2}$ паунда Телешка кайма (обикновено пропускам)
- $\frac{1}{4}$ чаша Доматен сос
- 1 супена лъжица Каперси
- 1 супена лъжица Нарязани зелени маслини (по желание)
- Сол и черен пипер
- $\frac{1}{2}$ паунда Зелен боб; пресни или замразени, нарязани на 3-инчови парчета
- 6 яйца
- $\frac{1}{4}$ чаша Масло

Упътвания

a) Обелете живовляка, нарежете на филийки с дебелина 2 инча и ги запържете в олио до златисто кафяво. Извадете, отцедете и дръжте на топло. В тиган запържете лука, зелената чушка и чесъна, докато омекнат, но не покафенеят.

b) Добавете телешката кайма и запържете на силен огън за 3 минути.

c) Залейте с доматения сос и по желание добавете каперсите и маслините.

d) Гответе 15 минути на умерен огън, като разбърквате от време на време. Подправете със сол и черен пипер на вкус. Измийте зеления боб и го сварете на пара, докато омекне. Яйцата се разбиват, като се добавят сол и черен пипер на вкус. Намажете стените и дъното на кръгъл гювеч и разтопете останалото масло на дъното. Изсипете половината от разбитите яйца и гответе на среден огън за около 1 минута или докато леко стегне.

e) Покрийте яйцата с една трета от резените живовляк, последвани от половината смляно месо и половината шарен боб. Добавете още един слой живовляк, останалото смляно говеждо месо, друг слой боб и отгоре с живовляк. Изсипете отгоре останалата част от разбитите яйца.

f) Гответе на слаб огън 15 минути без капак, като внимавате омлетът да не загори.

g) След това поставете в предварително загрята на 350 градуса фурна за 10 до 15 минути, за да покафенее отгоре.

h) Сервирайте с ориз и боб. Отличен за обяд.

9. Питки с оризово брашно

Добив: 24 кифли

Съставка

- 2 чаши Мляко
- 2 унции Масло
- $\frac{3}{4}$ чаена лъжичка Сол
- 2 чаши Много фино оризово брашно
- 2 чаени лъжички Бакпулвер
- 3 яйца
- $\frac{1}{2}$ паунда Меко бяло сирене
- Свинска мас или растително масло за дълбоко пържене

Упътвания

a) Комбинирайте оризово брашно и бакпулвер и смесете със съдържанието в тенджера. Добавете яйцата ЕДНО ПО ЕДНО и разбъркайте.

b) Гответе на умерен огън, като бъркате непрекъснато с дървена лъжица, докато сместа се отдели от стените и дъното на тигана.

c) Свалете от огъня. Намачкайте сиренето с вилица и добавете. Разбъркайте старателно.

d) Пускайте сместа по лъжици в загрята на 375 градуса мазнина до покафеняване. Извадете и отцедете върху абсорбираща хартия.

ОСНОВНО ЯСТИЕ

10. Пиле в бадемов сос

Добив: 1 порции

Съставка

- $3\frac{1}{2}$ паунда Пиле; нарязани на порции
- брашно
- $\frac{1}{4}$ чаша Зехтин
- 1 среден Лук; нарязани на ситно
- 1 Скилидка чесън; нарязани
- $\frac{1}{2}$ чаша Домат; обелени/нарязани
- 1 Стръкове магданоз; (до 2)
- 2 Инчова пръчка канела
- 4 Цели скилидки
- 2 чаши Пилешки бульон
- $\frac{1}{2}$ чаша Бланширани бадеми
- Сол
- $\frac{1}{4}$ чаена лъжичка бял пипер
- 2 чаени лъжички Сок от лайм или лимон
- 2 яйца

Упътвания

a) Почистете парчетата пиле с брашно, като разклатите, за да отстраните излишното.

b) Загрейте олиото в тиган и запържете пилето до златисто. Прехвърлете в тежък гювеч. Запържете лука и чесъна в тиган и добавете към пилето заедно с домата, магданоза, канелата, карамфила и пилешкия бульон. Смелете бадемите в електрически блендер на висока скорост и добавете към гювеча. Подправете със сол, ако е необходимо и бял пипер.

c) Покрийте и оставете да къкри леко, докато пилето омекне, около 45 минути.

d) Извадете пилешките парчета в чиния за сервиране и ги оставете на топло. Отстранете мазнината от соса и намалете соса до 2 чаши на силен огън.

e) Регулирайте подправките и прецедете соса през фино сито. Поставете на слаб огън. Разбийте яйцата със сока от лайм. Изсипете $\frac{1}{2}$ чаша от соса върху яйцата, като разбиете с телена бъркалка.

f) След това изсипете яйчената смес в соса, като разбивате непрекъснато на слаб огън, докато сосът се сгъсти. Не оставяйте соса да заври, защото ще се свие. Залейте пилето.

g) Сервирайте с обикновен бял ориз.

11. Треска гратенирана

Добив: 1 порции

Съставка

- 1 паунда Бакалао
- 3 супени лъжици Масло
- 1 голям Лук; нарязани
- 1 супена лъжица брашно
- 1 Скилидка чесън; смачкан
- 2 чаени лъжички Доматена паста
- 1 дафинов лист
- ½ чаша Сухо бяло вино
- 1 чаша вода
- 1 супена лъжица Лимонов сок
- 2 супени лъжици Нарязани маслини
- 1 супена лъжица пресен магданоз; нарязани
- 2 супени лъжици Нарязани гъби
- Сол и прясно смлян черен пипер на вкус
- 2 супени лъжици Сирене пармезан; настърган
- 1 среден картофи; обелени, сварени и леко намачкани

Упътвания

a) Накиснете рибата във вода за поне 4 часа. отстранете кожата и костите и ги накълцайте с вилица. масло 2-литров гювеч с 1 супена лъжица масло и покрийте дъното с треска.

b) Загрейте останалото масло в тенджера на средна температура, добавете лука и задушете до кафяво.

добавете брашно и чесън, като разбъркате добре. добавете доматено пюре, дафинов лист, вино, вода и лимонов сок.

c) Намалете котлона и гответе, като разбърквате, докато сместа се сгъсти. добавете маслини, магданоз и гъби, след това опитайте сол и черен пипер. разбъркайте и гответе 3 мин. свалете соса от котлона и залейте рибата в гювеча. поръсете със сирене и наредете ъглите на гювеча с картофите.

d) Печете в предварително загрята фурна на 350 градуса за 35 минути или докато горната част стане златисто кафява. сервирайте със зелена салата.

12. Мексикански боб

Добив: 4 порции

Съставка

- 1 паунда Фасул, сушен
- 1 Лук, нарязан на кубчета
- $\frac{1}{4}$ Зелен пипер, нарязан на кубчета
- 3 Скилидки чесън, нарязани на кубчета
- 8 унции Доматен сос
- 2 супени лъжици Зехтин
- 2 чаени лъжички Сол
- 1 ч.л Сол
- 2 чаши вода
- 1 чаша Ориз, дългозърнест

Упътвания

a) ПРИГОТВЯНЕ НА БОБ: Накиснете боба за поне два часа (може и за една нощ). Сменете водата и я оставете да заври.

b) Добавете лука, чушката и чесъна; покрийте и оставете да къкри за 1 час.

c) Добавете доматения сос, зехтина и солта: покрийте и оставете да къкри още 1 час.

d) Оставете водата да заври. Добавете ориза и солта.

e) Покрийте и оставете да къкри за 20 минути.

13. Пържена риба със сос

Добив: 12 порции

Съставка

- $\frac{1}{2}$ чаша Зехтин
- $2\frac{1}{2}$ паунда Лукът, обелен и нарязан
- $1\frac{1}{2}$ чаша вода
- 24 Пълнени маслини с пимето
- 2 супени лъжици Каперси
- 1 кутия 4 унции. pimientos, нарязани на малки резени в сока им
- 2 кутии (8 унции) доматен сос
- 2 супени лъжици Оцет
- 1 супена лъжица Сол
- 2 дафинови листа
- 4 паунда Рибни резени
- 2 супени лъжици Сол
- 1 чаша Зехтин
- 4 големи Скилидки чесън, обелени и счукани

Упътвания

a) Пригответе соса, като смесите съставките и готвите на умерен огън около 1 час.

b) Когато сосът е почти готов, овкусете рибата със сол, включена в Б и леко поръсете с брашно и запържете по следния начин: Сложете олио и чесън в тиган. Кафяв чесън на умерен огън. Извадете чесъна и наредете в тигана, колкото парчета риба побират върху него.

Запържете на умерен огън от двете страни, намалете топлината до ниска и гответе за 15 минути или докато рибата се разлющи лесно при тестване с вилица. Запържете останалата риба по същия начин.

c) Поставете рибата във форма и залейте с лют сос и оставете да престои 5 минути.

14. Говеждо задушено

Добив: 1 порция

Съставка

- 3 супени лъжици Растително масло
- $1\frac{1}{2}$ паунда Задушаване на говеждо месо; нарязани на 1 1/2-инча
- 1 голям Лук; нарязани
- 3 големи Скилидки чесън; нарязани
- 1 супена лъжица Нарязан пресен магданоз
- 4 Стъркчета прясна мащерка или 1 ч.л.сушена; раздробени
- 4 дафинови листа
- 2 супени лъжици Универсално брашно
- 2 кутии Телешки бульон; (14 1/2-унция)
- 2 чаши Сухо червено вино
- 4 големи Картофи
- 3 големи моркови
- $\frac{1}{2}$ паунда Зелен боб; подстриган, разполовен
- Нарязан пресен магданоз

Упътвания

a) Загрейте олио в тежка голяма тенджера или холандска фурна на висока температура. Добавете говеждо месо на порции и кафяво. С помощта на решетъчна лъжица прехвърлете говеждото месо в купа. Добавете лука и чесъна в тигана и запържете 5 минути. Добавете магданоза, мащерката, дафиновите листа и брашното. Разбъркайте 2 минути.

b) Постепенно добавете бульона и виното. Върнете говеждото месо в тенджера и оставете сместа да заври. Намалете топлината до средно ниска и оставете да къкри без капак 45 минути.

c) Добавете картофите и морковите да се задушат. Варете, докато месото и зеленчуците омекнат, като разбърквате от време на време, около 30 минути. Добавете зелен фасул и оставете да къкри, докато бобът омекне и сосът леко се сгъсти, около 10 минути.

d) Прехвърлете яхнията в голяма купа. Гарнирайте с наситнен магданоз и сервирайте.

15. Мексиканска супа от черен боб

Добив: 1 порции

Съставка

- 4 чаши зеленчук; (или пилешки) бульон (до 6)
- 2 чаши Изплакнат черен боб
- ½ чаша Нарязана целина
- 2 големи моркови; на кубчета
- 1 среден Жълт лук; на кубчета
- ¼ чаша Оцет
- 1 ч.л Портокалова или лимонова кора; настърган
- ½ чаена лъжичка канела
- 1 щипка Кайен; да опитам
- 2 чаени лъжички Чесън; нарязани на ситно

Упътвания

a) Започнете с 4 чаши бульон -- и добавете още, ако е необходимо, в зависимост от това дали искате супена супа или гарнитура, която да сервирате с кафяв ориз.

b) Сложете всички съставки заедно в тенджера и гответе бавно в продължение на три часа. Сервирайте със сварен кафяв ориз на дъното на купа със следните гарнитури за вкус: обезмаслена заквасена сметана или кисело мляко, нарязан зелен лук, нарязан червен лук, нарязани домати, нарязан магданоз, салца. Сервирайте с питка френски хляб, топли тортили или пита хляб.

16. Мексиканско калдо галего

Добив: 6 порции

Съставка

- $\frac{1}{2}$ паунда Сушен бял боб; накиснати за една нощ,
- И отцедени
- 1 паунда Пилешки бутчета
- $\frac{1}{2}$ паунда испанска или мексиканска наденица чоризо; нарязани на 1/2" парчета
- $\frac{1}{2}$ паунда шунка; нарязани
- $\frac{1}{4}$ паунда Солено свинско месо; на кубчета
- 1 среден Жълт лук; обелени и нарязани
- 3 Скилидки чесън; обелени и нарязани
- 2 чаени лъжички сос Уорчестър
- сос табаско; няколко тирета на вкус
- $2\frac{1}{2}$ литър вода
- $\frac{1}{2}$ паунда картофи; обелени, нарязани на четвъртинки,
- И нарязани
- $\frac{1}{2}$ паунда Зелено зеле; нарязани на тънко
- 2 чаши Кейл; отстранени твърди стъбла,
- И нарязани на тънко
- $\frac{1}{2}$ паунда ряпа; обелени, нарязани на четвъртинки,
- И нарязани
- Сол; да опитам
- Прясно смлян черен пипер; да опитам
- Нарязан пресен копър за гарнитура; (по избор)

Упътвания

a) Поставете отцедения боб, пилето, чоризо, шунката, соленото свинско месо, лука, чесъна, соса

Worcestershire, coca Tabasco и водата в тенджера за супа от 6 до 8 литра.

b) Оставете да заври, след което намалете да къкри. Гответе, покрити, за 45 минути.

c) Извадете парчетата пиле от тенджерата и ги обезкостете. Оставете месото настрана и изхвърлете костите. Добавете останалите съставки с изключение на солта, черния пипер и пилето в тенджерата. Оставете да къкри, покрито, за 25 минути, след това добавете сол и черен пипер.

d) Върнете пилешкото месо в тенджерата и оставете да къкри още няколко минути. Отгоре поръсете копъра по избор.

17. мексикански нахут

Добив: 4 порции

Съставка

нахут s

- 1 паунда Нахут
- 2½ литър вода
- 2 супени лъжици Сол

тиква

- 2½ литър вода
- 1¼ паунда Тиква -- или тиква нарязани
- 6 унции Чоризо -- парчета на хапка

Софрито

- 1 ч.л Растително масло
- ½ унция Сушена шунка - на кубчета
- 1 Лук - наситнен
- 1 Зелен пипер
- 3 Сладки люти чушки
- 2 Скилидки чесън
- 6 Пресни листа кориандър
- ¼ чаена лъжичка Риган -- натрошен
- ¼ чаша Доматен сос
- 1 супена лъжица Сол

Упътвания

a) Отцедете нахута, изплакнете го и го поставете в голяма тенджера заедно с тиква, чоризо и 2½ литра вода.

Оставете бързо да заври, покрийте и варете на умерен огън 1 $\frac{1}{2}$ часа или докато нахутът почти омекне.

b) Открийте, пасирайте тиквата и добавете софрито, доматен сос и сол.

c) Разбъркайте и варете на умерен огън, без капак, около 1 час или докато сосът се сгъсти на вкус.

18. Мексиканско пиле с ориз

Добив: 6 порции

Съставка

- 4 супени лъжици Зехтин
- 1 Цяло пиле; нарежете на 8 части
- 1 голям Лук; нарязани
- 1 Зелен пипер; нарязани
- 2 супени лъжици Каперси
- $\frac{1}{4}$ чаша маслини; малки, пълнени с пимento
- 1 чаша Доматен сос
- 1 супена лъжица риган
- 1 ч.л Люспи от червен пипер
- 3 Скилидки чесън; кайма
- 3 чаши Ориз; дълги зърна
- $4\frac{1}{2}$ чаша Пилешки бульон
- $\frac{1}{2}$ чаша Магданоз; нарязани
- $\frac{1}{2}$ чаша Грах; варени
- 3 супени лъжици Пимиенто; нарязани

Упътвания

a) В бульон или холандска фурна, достатъчно голяма, за да побере всички съставки, загрейте олиото и запържете пилето от всички страни. Покрийте, намалете котлона и оставете да къкри за около 15 минути.

b) Добавете лука и зеления пипер и гответе 4 минути. Добавете каперсите, маслините, доматения сос, ригана, черен пипер и чесъна и гответе още 4 или 5 минути.

c) Добавете ориза и разбъркайте добре сместа. добавете пилешкия бульон и магданоза и разбъркайте. Покрийте съда, намалете котлона и оставете да къкри за около 20 минути или докато течността се абсорбира и оризът омекне.

d) Гарнирайте с граха и пимента и сервирайте.

19. Мексиканско свинско и боб

Добив: 4 порции

Съставка

- 1 супена лъжица Масло от рапица
- 6 Ребра от свинско филе
- 1 среден Морков - 1/2" кубчета
- 2 средни Лук - на кубчета
- 6 Скилидки чесън
- 3 дафинови листа
- 1 ч.л риган
- 1 паунда Могат ли цели домати
- 1 малка Пипер халапеньо -- нарязан
- 2 чаени лъжички Сол
- 1 паунда Сушен боб
- 1 връзка Кориандър

Упътвания

a) Загрейте олиото в здрава тенджера. Когато е горещо, добавете свинското на един слой и го гответе на среден огън за около 30 минути, като го обръщате, докато покафенее от всички страни. Добавете 4 чаши студена вода и всички останали съставки с изключение на нарязаните листа кориандър.

b) Оставете да заври, намалете котлона до минимум, покрийте и оставете да къкри леко за 1+$\frac{3}{4}$ до 2 часа, докато месото омекне.

c) Разпределете между четири отделни чинии, поръсете с нарязани листа кориандър и сервирайте с жълт ориз.

20. Мексикански червен боб и ориз

Добив: 4 порции

Съставка

- $\frac{1}{4}$ чаша Зехтин
- 2 чаши Нарязан лук
- 1 супена лъжица Смлян чесън
- 1 паунда Сушен червен боб; изплакнат, напоен; и източен (до)
- 5 чаши Пилешки бульон
- 2 дафинови листа
- 1 Парче канела
- Сос от люти чушки на вкус

Упътвания

a) Загрейте олиото в голяма тежка тенджера. Добавете лука и запържете, като разбърквате, докато се покрие с масло. Покрийте и гответе на много слаб огън, като разбърквате от време на време, до златисто кафяво, около 15 минути. Разбъркайте чесъна и го запържете без капак за 3 минути.

b) Добавете боба и бульона към лука. Загрява се до кипене и се готви, покрито, на слаб огън 2 часа. Добавете дафиновите листа и канелата. Покрийте и продължете да готвите, докато бобът омекне много, още около 1 час.

c) Овкусява се със сол и сос от лют червен пипер. Бобът може да се приготви до 24 часа преди сервиране.

Загрейте отново, като добавите още бульон, ако е необходимо.

21. Мексикански ориз с пиле

Добив: 8 порции

Съставка

- $2\frac{1}{2}$ паунда Парчета пиле
- 2 черен пипер (цял черен пипер)
- 2 Скилидки чесън обелени
- 1 ч.л Сушен риган (предпочитано пресен)
- $4\frac{1}{2}$ чаена лъжичка Сол
- 2 чаени лъжички Зехтин
- 1 ч.л Оцет
- 1 супена лъжица Свинска мас или растително масло
- 1 унция Свинско на сол
- 2 унции Постна сушена шунка (измийте и нарежете на кубчета сол свинско и шунка)
- 1 Лук обелен
- 1 Зелен пипер, почистен от семена
- 3 Сладки люти чушки, почистени от семена
- 1 Домат
- 6 Пресни листа кориандър (накълцайте всичко на малки парчета)
- $\frac{1}{2}$ чаена лъжичка Сол
- 10 Маслини, пълнени с пимето
- 1 супена лъжица Каперси
- $\frac{1}{4}$ чаша Доматен сос
- 2 супени лъжици Мазнина или "ахиотно оцветяване"
- 3 чаши Ориз
- 1 кутия (17 унции) зелен грах
- 1 кутия (4 унции) pimientos

Упътвания

a) Измийте пилето и разделете всяко пилешко парче на две. Подсушете и натрийте с подправка, включена в B. Поставете в хладилника за една нощ.

b) В силен чайник загрейте мазнина и бързо осолете свинското и шунката. Намалете до умерено и добавете пилешкото. Гответе 5 минути.

c) Намалете топлината до минимум. Добавете съставките и запържете за 10 минути, като разбърквате от време на време.

d) Междувременно източете течността от консервата с грах в мерителна чаша и достатъчно вода, за да направите $2\frac{1}{2}$ чаши, ако използвате обикновен ориз или $3\frac{1}{2}$, ако използвате дълъг ориз. Запазете грах. Загрейте течността и изчакайте.

e) Добавете към съставките на чайника и разбъркайте на умерен огън за 2 минути.

f) Добавете гореща течност в чайника и разбъркайте добре и гответе без капак на умерен огън, докато оризът изсъхне.

g) С вилица обръщаме ориза отдолу нагоре.

h) Покрийте чайника и гответе на слаб огън за 40 минути. По средата на този период на готвене обърнете ориза отново.

i) Добавете граха, обърнете ориза още веднъж и похлупете, варете 15 минути на слаб огън.

j) Изсипете ориза в чиния за сервиране.

k) Загрейте pimientos в сока им, отцедете и гарнирайте ориза.

l) Сервирайте веднага.

22. Мексикански ориз с гълъбов грах

Добив: 8 порции

Съставка

- $\frac{1}{2}$ паунда Сушени гълъби (гълъбов грах); изплакнат
- 3 чаши вода
- 1 унция Солено свинско месо; нарязани на ситно
- 2 Скилидки чесън; обелени и натрошени
- 1 супена лъжица Зехтин
- 1 среден Червен пипер; със сърцевина, със семена,
- И нарязани на ситно
- 1 среден зелен пипер; със сърцевина, със семена,
- И нарязани на ситно
- 1 среден Жълт лук; нарязани на ситно
- 1 среден Домат; нарязани на ситно
- 1 супена лъжица Масло от анато
- 1 чаша Конвертираният ориз на чичо Бен
- Прясно смлян черен пипер; да опитам
- 2 чаши Студена вода
- Сол; да опитам

Упътвания

a) В малка тенджера сложете гандулите и 3 чаши вода да заври. Покрийте, изключете котлона и оставете да престои 1 час.

b) Отцедете граха, като запазите водата. В 6-литров съд задушете осоленото свинско, шунката и чесъна в зехтина за няколко минути. Добавете чушките и лука, покрийте и гответе на умерен огън, докато лукът започне да става прозрачен.

c) Добавете доматите, отцедените кълнове и $1\frac{1}{2}$ чаши от запазената вода. Оставете да къкри, покрито, на слаб огън за 15 минути, докато грахът почти омекне и по-голямата част от течността изчезне.

d) Разбъркайте маслото от анато, ориза, черния пипер и 2 чаши студена вода.

e) Оставете да заври и оставете да къкри, покрито, за 15 до 20 минути, докато течността се абсорбира и оризът омекне. Добавете сол, ако е необходимо.

23. мексиканска пуйка

Добив: 1 порции

Съставка

- Турция
- 12 Скилидки чесън
- 10 чаени лъжички Сух мексикански риган
- 12 чаени лъжички Зехтин
- 12 чаени лъжички Червен винен оцет
- 1 ч.л Сол
- $\frac{1}{2}$ чаена лъжичка Пипер

Упътвания

a) В блендер пюрирайте 12 скилидки чесън, 10 ч. л. сух мексикански риган, 12 ч. л. зехтин, 12 ч. л. червен винен оцет, 1 ч. л. сол и $\frac{1}{2}$ ч. л. черен пипер. Тази смес ще бъде с консистенцията на майонеза.

b) След това „намажете" пуешките гърди отвътре и отвън със сместа, като използвате цялата. Поставете в тава за печене, покрийте плътно и печете на 350°C за $\frac{1}{2}$ час.

c) Открийте и продължете да печете, докато омекне (времето ще зависи от размера на гърдите или птицата). Поливайте на всеки 15 минути със сока от тигана.

24. Мексикански морски дарове асопадо

Добив: 1 порция

Съставка

- 1 Лук; на кубчета
- 1 Червен пипер; на кубчета
- 1 Зелен пипер; на кубчета
- 2 Парчета целина; на кубчета
- Черупки от скариди от ориз
- Черупки от омар от ориз
- ½ чаша бяло вино
- ½ чаша Доматен сос
- 2 литра вода
- 1 Лук; на кубчета
- 1 Червен пипер; на кубчета
- 1 Зелен пипер; на кубчета
- 2 Печени чушки; на кубчета
- 2 чаши Ориз
- 8 чаши Бульон от морски дарове
- ½ паунда Рачешко месо
- 1 щипка Шафран
- 1 паунда омар; на пара
- ½ паунда Скариди
- ½ чаша Сладък грах

Упътвания

a) Запържете лука, черния пипер и целината. Добавете черупките и гответе 5 минути. Добавете бяло вино и доматен сос. Добавете вода и оставете да къкри 45 минути. Щам и резервен запас.

b) Запържете лука, чушките и добавете печени чушки. Добавете ориза и го задушете, докато стане прозрачен

c) Добавете бульон от морски дарове, месо от раци и шафран, гответе за около 15 минути на слаб огън. Добавете омар, скариди и сладък грах. Загрейте 3 минути преди сервиране

25. Домашно веган чоризо

Порции: 15 унции.

съставки

- 1 блок (12 унции) тофу, изключително твърдо
- $\frac{1}{2}$ фунта гъби, ситно нарязани
- 6 Чилийски гуахило, изсушен, посевен
- 2 чили анчо, изсушени, без семена
- 4 Chile de Arbol, изсушени
- 4 скилидки чесън
- 1 с.л. Риган, сушен
- $\frac{1}{2}$ ч.л. Кимион, смлян
- 2 скилидки, цели
- 1 с.л. Черен пипер, смлян
- $\frac{1}{2}$ ч.л. Кориандър, смлян
- 2 с.л. Растително масло, по желание

Упътвания

a) Извадете тофуто от опаковката и го поставете между две малки чинии. Поставете консерва върху чиниите и оставете така за 30 минути.

b) Оставете малък съд с вода да заври. Отстранете дръжките и семената от лютите чушки и ги изхвърлете. Пуснете лютите чушки във врящата вода. Намалете топлината до най-ниската степен и оставете лютите чушки да престоят във водата за 10 минути.

c) Извадете лютите чушки от водата и ги поставете в блендер. Запазете $\frac{1}{2}$ чаша течност за накисване на чили.

d) Добавете чесъна, ригана, кимиона, карамфила, червения пипер, кориандъра и $\frac{1}{4}$ чаша течност за накисване в блендера и разбъркайте до гладкост. Ако е необходимо, добавете останалата $\frac{1}{4}$ чаша от течността за накисване, за да раздвижите нещата в блендера.

e) Подправете чили сместа със сол и черен пипер и прецедете през фина цедка. Заделени.

f) Отцедете водата от тофуто и го натрошете с ръце в голяма купа. Изсипете половината от пюрираната смес от чили в купата с тофуто и разбъркайте, за да се комбинират. Заделени.

g) Загрейте голям тиган на висока температура и добавете 1 с.л. масло. След като маслото е горещо, добавете ситно нарязаните гъби и продължете да готвите, докато гъбите започнат да покафеняват, около 6-7 минути.

h) Намалете топлината до средно ниска и изсипете останалата половина от чили сместа. Разбъркайте и продължете да готвите 3-4 минути, докато гъбите започнат да поемат сместа от чили. Извадете от тигана и поставете в голяма купа.

i) Загрейте тиган с незалепващо покритие, поставен на средна температура, добавете 1 с.л. масло. Добавете сместа от тофу и продължете да готвите, докато течността започне да се изпарява и тофуто стане хрупкаво, 7-8 минути. Можете да направите тофуто толкова хрупкаво, колкото искате. (Внимавайте да не препълните тигана или тофуто никога няма да стане хрупкаво.)

j) Изсипете сварената смес от тофу в купата с гъбите и разбъркайте добре, за да се комбинират. Регулирайте подправките.

26. Кремообразна паста Chipotle

Порции: 2 порции

съставки

- 1/2 чаша Бадеми, цели, сурови
- 1/4 чаша бадемово мляко, неподсладено (или растително масло)
- 1 чушка Chipotle в Adobo (само една от чушките в кутията)
- 1 скилидка чесън
- 3/4 чаша вода
- 1/2 чаша домат, печен на огън
- 1 с.л. Лимонов сок, пресен
- 1/2 lb спагети, пълнозърнести
- 1 с.л. Кориандър нарязан

Упътвания

a) Поставете бадемите, бадемовото мляко, водата, чипотъла, скилидката чесън, печения домат и лимоновия сок в блендер и разбъркайте до гладкост. Подправете със сол и черен пипер.

b) Сварете паста според указанията на кутията. Отцедете и поставете в голяма купа.

c) Изсипете сос чипотъл върху пастата и разбъркайте добре.

d) Сервирайте с нарязан кориандър отгоре.

27. Джакфрут Vegan Pozole Rojo

Порции: 6 порции

съставки

- 1 консерва бяла хомина, отцедена, изплакната
- 3 литра зеленчуков бульон
- 5 чили гуахило, изсушени, почистени от дръжките и семена
- 2 чили анчо, изсушени, почистени от дръжките и семена
- 5 Chile de Arbol, изсушени, почистени от дръжките и семена
- 6 скилидки чесън
- ½ лук, бял
- 1 с.л. Растително масло
- 2 кутии млад зелен джакфрут саламура, отцедена
- 1 тиквичка, средна, нарязана на кубчета

Топинги

- 1 глава бял лук, малък, смлян
- 6 червени репички, нарязани на шайби
- 2 с.л. Риган, сушен
- ½ Зелено зеле, без сърцевина, нарязано на тънки филийки
- 4 лайма, нарязани на четвъртинки

Упътвания

a) В голяма тенджера смесете зеленчуковия бульон и хомината и ги оставете да къкри на НИСКА температура.

b) Докато хоминът къкри, отстранете стъблата и семената от чили анчо, арбол и гуахило. Изплакнете и поставете в среден съд с вода.

c) Оставете съда да заври на средно силен огън. Намалете топлината и оставете да къкри за 10 минути.

d) Отцедете лютите чушки, но запазете 1 $\frac{1}{2}$ чаши вода от лютите чушки. Поставете лютите чушки, чесъна и лука в блендера, добавете водата от люти чушки и разбийте до гладкост. Прецедете.

e) За да приготвите джакфрута, отцедете джакфрута, изплакнете и потупайте с хартиени кърпи. Изрежете сърцевината на джакфрута (върха на триъгълните парчета) и нарежете парчетата на две. Загрейте 1 с.л. олио в голям тиган за задушаване, настроен на среден огън. Добавете джакфрута и гответе за 3-4 минути от всяка страна или докато започне да покафенява. Изсипете чили соса върху джакфрута и намалете топлината до ниска-средна. Оставете да къкри за 10 минути или докато джакфрутът започне да се разпада и сосът леко се сгъсти. Използвайте вилица, за да настържете джакфрута, докато се готви. Подправете със сол и черен пипер.

f) Вашата мамалига все още трябва да къкри много бавно. Извадете една чаша от бульонната смес от хомин и зеленчуци и разбъркайте до гладкост. Изсипете това обратно в тенджерата с хомината

g) Увеличете топлината до средно ниска и добавете тиквичките и настъргания джакфрут със соса. Оставете да къкри за 8-10 минути или докато тиквичките омекнат. Подправете на вкус със сол и черен пипер.

h) Сервирайте вашия pozole с всички гарнитури отстрани.

28. Мексиканска супа "Кюфте".

Порции: 6 порции

съставки

- 1 домат, нарязан на средни кубчета
- 1/4 глава бял или жълт лук, нарязан на кубчета
- 2 моркова, средни
- 1-2 стръка целина
- 2-3 калорски жълти чушки
- 3 малки картофа, нарязани на четвъртинки
- 1 мексиканска тиквичка, малка
- 3 стръка Cilantro
- 6-8 листа мента, нарязани на ситно
- 1 с.л. Масло от авокадо
- 1 пакет Веган пакет яйца Follow Your Heart
- 1/3 чаша бял ориз, дългозърнест, суров
- 1 ч.ч. Черен пипер
- 1 ч.ч. Чеснова сол
- 2 с.л. По-добре от бульон без пилешка основа

Упътвания

За да направите бульона:

a) Поставете голяма тенджера за супа на среден огън. Добавете 1 с.л. олио и добавете лука в тенджерата. Оставете лука да се готви за 2-3 минути или докато омекне и стане полупрозрачен. Добавете домата и гответе още 3 минути.

b) Налейте достатъчно вода в тенджерата, за да я напълните 1/2. Оставете да къкри. Добавете основа без пиле Better than Bouillon и сол и черен пипер на вкус (черният пипер не е задължителен).

Приготвяне на кюфтетата

c) В голяма купа смесете 1 ч.л. черен пипер, 1 ч.л. чеснова сол, 1/3 чаша бял ориз и нарязана мента. Смесете добре.
d) Следвайте указанията на опаковката на веган яйцата и направете около 2 веган яйца. Добавете половината от яйчената смес към сместа за кюфтетата и разбъркайте добре. Уверете се, че сместа е достатъчно яйчена, за да оформите кюфтетата. Ако е необходимо, добавете още от веган яйчената смес, докато получите желаната консистенция.
e) Оформете 8-10 кюфтета с ръце. Добавете ги към кипящия бульон.
f) Важно е да не бъркате много кюфтенцата, за да не се разпаднат. Гответе около 15 минути.
g) Докато кюфтетата се пекат, нарежете морковите, целината и тиквичките на малки кубчета. Направете четвъртинки за картофа.
h) Добавете в тенджерата нарязаните моркови, целина, тиквичка, картофи и жълти чушки (не режете). Намалете топлината до средно ниска, докато зеленчуците се сварят. Покрийте съда и го оставете да се готви добре заедно за около 15 минути.
i) Добавете кориандър за финал и оставете да се готви за няколко минути и трябва да имате веган албондигас! Не забравяйте топлите тортили! Или дори резени авокадо!

29. Mole Chilaquiles със зеленчуци и боб

Порции: 4 порции

съставки

- Маруля

Зелени и боб:

- ¼ чаша вода
- 2 скилидки чесън, смлени
- 8 унции Спанак, (около 1 торба)
- 1 кутия (14 унции) черен боб, отцеден

сос:

- 1 буркан (7,2 унции) Mole Poblano
- 2 чаши зеленчуков бульон

Топинги

- Бадемов крем
- Веган Queso Cotija
- 1 глава бял лук, нарязан на много тънки кръгчета

Упътвания

a) Загрейте фурната до 400°F. Поставете тортила триъгълник върху два листа за печене, покрити с пергамент, и печете за 15 до 20 минути, докато станат хрупкави. Извадете от фурната и оставете настрана. (Можете също да ги изпържите в тиган за соте с дебело дъно до златисто кафяво или да си купите торбичка чипс.)

b) Зелени и боб:

c) Загрейте голям тиган на среден огън и налейте ¼ чаша вода. Добавете чесън и гответе за 1 минута. Добавете спанака и разбъркайте.

d) След като спанакът се свари (около 2 минути), добавете черен боб. Подправете със сол и черен пипер.

сос:

e) Поставете голяма тенджера на среден огън, добавете 1 чаша зеленчуков бульон и паста за бенки. Разбъркайте.

f) След като моловата паста се разтвори и сместа започне да къкри, добавете втората чаша зеленчуков бульон. Ще изглежда, че бенката е твърде тънка, но щом бенката изстине дори малко, тя се удебелява. Оставете да заври, разбъркайте и отстранете от огъня.

g) Събирайки всичко заедно

h) Уверете се, че бенката ви е с правилната консистенция, трябва да е консистенцията на рядка крем супа, коригирайте, ако е необходимо, със зеленчуков бульон.

i) Добавете чипса, зеленчуците и боба в тенджерата с бенката. Разбъркайте добре, за да се покрие. Сервирайте веднага и отгоре намажете с бадемова сметана, веган queso Cotija и лук.

30. Торта Ахогада

Порции: 2 торти

съставки

торти:

- 2 рулца Bolillo или 6-инчови дълги багети, разделени на две
- 1 чаша препържен боб, като използвате черен боб
- 1 зряло авокадо Hass, без костилки, обелено

сос:

- 30 Chiles de Arbol, с дръжки, със семена и рехидратирани
- 3 скилидки чесън
- 1 чаша вода
- 1 ч.ч. Сушен мексикански риган
- 1/2 ч.ч. Земен кимион
- 1/2 ч.ч. Прясно смлян черен пипер
- 1/8 ч.ч. Смлян карамфил
- 1 ч.ч. Сол

Гарнитури:

- 2 репички, тънко нарязани
- 8 до 12 кисели бели лука, нарязани на колелца
- Резенчета лайм

Упътвания

Торта

a) Запечете леко рулцата или багетите. Загрейте боба и го разпределете равномерно във всяко руло. Добавете резените авокадо. Поставете сандвичите в купички.

сос:

b) В блендер или кухненски робот пюрирайте рехидратираните люти чушки de árbol, чесъна, водния мексикански риган, кимиона, черния пипер, карамфила и солта. (Прецедете, ако искате много гладък сос.)

c) Залейте сандвичите със соса. Гарнирайте сандвичите с нарязаните репички и киселия лук и сервирайте с резенчета лайм. Яжте тези торти с вилица и много салфетки.

31. Мексикански каубойски боб

Порции: 6 порции

съставки

- $\frac{1}{2}$ фунт боб Пинто, изсушен
- 1 Глава лук, бял, голям
- 3 скилидки чесън, счукан
- 2 стръка Cilantro
- $\frac{1}{4}$ чаша зеленчуков бульон или вода
- 6 унции (3/4 чаша) Веган чоризо
- 2 чили Серано, смлени
- 1 домат, голям, нарязан на кубчета

Упътвания

a) Накиснете боба във вода за една нощ.

b) На следващия ден ги прецедете и поставете в голяма тенджера. Налейте достатъчно вода в тенджерата, за да запълни $\frac{3}{4}$ от пътя.

c) Нарежете лука си наполовина. Поставете $\frac{1}{2}$ лука, стръкчета кориандър и 3 скилидки чесън в тенджера с боба. Запазете другата половина лук.

d) Оставете водата да заври и оставете боба да се вари, докато почти омекне, приблизително 1 $\frac{1}{2}$ часа.

e) Докато бобът се готви, загрейте голям тиган на средно висока температура. Добавете чоризо и задушете, докато леко покафенее, около 4 минути. Докато чоризото се готви, нарежете на кубчета другата половина лук.

f) Извадете чоризото от тигана и го оставете настрана. Добавете $\frac{1}{4}$ чаша вода, нарязания на кубчета лук и чушките Serrano към тигана за сотиране. Запържете лука и лютите чушки, докато омекнат и станат полупрозрачни за около 4-5 минути. Добавете домата и оставете да се готви още 7-8 минути или докато доматът се разпадне и пусне целия си сок.

g) Добавете тази смес и чоризото към тенджерата с боб и оставете да къкри още 20 минути или докато бобът омекне напълно. Подправете на вкус със сол и черен пипер.

h) Преди да сервирате, отстранете половината глава лук, стръка кориандър и скилидките чесън от боба. Подправете със сол и черен пипер

32. Мексикански кафяв ориз

Порции: 3 порции

съставки

- 1 чаша кафяв ориз, дългозърнест
- $\frac{1}{4}$ лук, бял
- 3 скилидки чесън
- 1 $\frac{1}{2}$ чаши домат, нарязан на кубчета
- 1 с.л. Доматена паста
- 1 $\frac{1}{2}$ чаши зеленчуци, бульон или бульон
- $\frac{1}{2}$ ч.л. Сол, кошер
- 1 чаша грах, замразен

Упътвания

a) Накиснете кафявия ориз в студена вода за една нощ.

b) Отцедете ориза. Поставете среден съд на среден огън и добавете ориза. Разбърквайте често и оставете ориза да се препече до златисто кафяво, около 8-10 минути.

c) Междувременно пасирайте доматите, лука, чесъна и доматеното пюре до гладкост. Прецедете. Трябва да получите 1 чаша пюре. Ако не го направите, добавете достатъчно зеленчуков бульон, за да стане една чаша.

d) Изсипете доматеното пюре в съда с ориза и оставете да къкри 2 минути. Добавете 1 $\frac{1}{2}$ чаши зеленчуков бульон. Добавете $\frac{1}{2}$ чаена лъжичка сол и разбъркайте. Покрийте и намалете котлона до слаб огън. Оставете да се готви за 35-40 минути.

e) Свалете тигана от огъня и оставете да почине покрито за 7 минути.

f) Междувременно пуснете граха във вряща вода, докато омекне, около 1 минута, отцедете.

g) Добавете граха към ориза и разбъркайте с вилица.

33. Arroz a la Mexicana

8 порции

съставки

- 2 скилидки чесън, наситнени
- 1 чаена лъжичка сол
- 2-1/3 чаши пилешки бульон с ниско съдържание на натрий
- 1/4 чаша екстра върджин зехтин
- 1-1/2 чаши дългозърнест ориз
- 1/3 чаша печени смачкани домати или заместващ доматен сос
- 1/3 чаша обелен и настърган морков
- 1 чаша нарязан бял лук с дебелина 1/4 инча
- 1 чаша нарязани люти чушки Poblano със семки, дебелина 1/4 инча 1/4 чаша замразен грах

Упътвания

a) Пригответе бульона. Сложете чесъна и солта в блендер, добавете 1 чаша бульон и пасирайте. Добавете останалата част от бульона и разбъркайте отново, за да се разбъркат добре. резерва.

b) Запържете ориза. Загрейте голяма тенджера (обичам да използвам чугунена холандска фурна) на среден огън, добавете зехтина и разбъркайте ориза. Гответе ориза, като разбърквате често, докато стане златисто кафяв. Ако е необходимо, намалете топлината, за да не загори. Когато е готово, след 5-8 минути ще чуете звук, подобен на хвърляне на пясък в метален съд.

c) Сварете соса в ориза. Разбъркайте натрошения домат или доматения сос в запечения ориз, намалете котлона на среден или съвсем малко и гответе, като разбърквате почти непрекъснато, докато почти.
d) цялата течност се е изпарила и оризовите зърна вече не се слепват, около 5 минути. Това е много важно, тъй като колкото повече течност се е изпарила, толкова по-лек ще бъде оризът.
e) Първоначално ще си помислите, че това никога няма да се случи, но ще стане. Към края част от ориза може да започне да загаря. Малко от това добавя към вкуса, но намалете котлона, за да го сведете до минимум.
f) Сварете ориза. Разбъркайте за кратко бульонната смес и я изсипете в тенджерата с ориза. Увеличете котлона до висока степен и добавете морковите, нарязания лук, побланото и замразения грах. Оставете бульона да заври напълно, покрийте съда, намалете котлона възможно най-слабо, за да поддържате бульона да къкри, и гответе 15 минути.
g) Свалете тенджерата от котлона и оставете ориза да се запари за 10 минути. Махнете капака и внимателно разбъркайте ориза с вилица, за да отделите зърната. Покрийте тенджерата и оставете ориза да се задуши още 10 минути.

34. Ориз с шафран

8-10 порции

съставки

- 1 щипка (около 1/4 чаена лъжичка) шафранови нишки
- 3 чаши пилешки бульон с ниско съдържание на натрий
- 4 скилидки чесън, смлени
- 1 чаена лъжичка сол
- 1/2 супена лъжица прясно изцеден сок от лайм
- 2 супени лъжици зехтин екстра върджин
- 1-1/2 чаши жасминов ориз или заместител на всеки добър дългозърнест ориз 1/4 чаша смлян бял лук
- 1 средно голямо чили серано, семената и жилките отстранени и смлени
- 2 супени лъжици ситно нарязан магданоз

Упътвания

a) Залейте бульона с шафран. Поставете шафрана в топлоустойчива купа. Оставете 1 чаша бульон да заври и го изсипете върху шафрана. Накиснете сместа поне 15 минути.

b) Направете останалата течност за готвене. Поставете 3 от смлените скилидки чесън и солта в блендер, добавете останалите 2 чаши бульон и сок от лайм и пасирайте, докато стане на пюре.

c) Сварете ориза в олиото. Добавете останалата смляна скилидка чесън, лука и чилито към ориза и разбъркайте за 1 минута.

d) Разбъркайте смесената бульонна смес и бульона с шафран и ги оставете да заври. Покрийте тенджерата, намалете котлона възможно най-слабо, като поддържате течността да къкри на среден огън, и гответе ориза за 15 минути.

e) Довършете ориза. Махнете тенджерата от котлона и оставете ориза да се задуши, покрит, за 10 минути. Отстранете капака и внимателно разбъркайте ориза с вилица, за да отделите зърната. Разбъркайте магданоза, покрийте капака и оставете ориза да престои още 10 минути преди сервиране.

35. Ароз Уерфано

8-10 порции

съставки

- Ориз с шафран
- 1 супена лъжица заместител на олио за готвене
- 1/2 чаша бланширани нарязани бадеми
- 1/3 чаша кедрови ядки
- 3 унции шунка с ниско съдържание на натрий, нарязана на ситно

Упътвания

a) Задушете ядките. Докато оризът с шафран се готви, загрейте тиган на среден огън. Добавете олиото и когато се разтопи, добавете ядките.

b) Запържете ядките при непрекъснато бъркане, докато бадемите започнат да стават златисти. Махнете тигана от котлона, разбъркайте шунката и оставете настрана.

c) Довършете ориза. След като добавите магданоза към шафрановия ориз, разбъркайте сварените ядки и шунката, покрийте съда и оставете ориза да се задуши за последните 10 минути.

36. Frijoles de Olla (606)

Около 12 половин чаша порции

съставки

- 4 литра вода
- 3 супени лъжици сол
- 1-килограмов пинто или черен боб
- 3 скилидки чесън, наситнени
- 1/3 чаша нарязан бял лук
- 1 чаена лъжичка изсушен лист риган
- 1 литър вода плюс малко повече, ако е необходимо
- 2 стръка епазот (по желание с черен боб)
- Сол на вкус

Упътвания

a) Загрейте и накиснете боба. Сложете 4 литра вода, солта и боба в тенджера.

b) Оставете да заври напълно, покрийте съда, отстранете го от огъня и оставете боба да престои 1 час.

c) Изхвърлете водата от накисването, изплакнете добре боба, изплакнете тенджерата и върнете боба в нея.

d) Довършете боба. Сложете чесъна, лука, ригана и 1 чаша вода в блендер и пасирайте. Добавете още 3 чаши вода и разбъркайте за кратко.

e) Изсипете смесената течност в съда с боба, оставете да заври и добавете епазот, ако използвате. Задушете зърната, покрити с изключение на около 1/2 инча, или достатъчно, за да може малко пара да излезе, докато омекнат.

37. Чаро или пиян боб

Около 7 чаши или 14 порции по половин чаша

съставки

- Frijoles de Olla
- 1/2 супена лъжица екстра върджин зехтин
- 1-1/2 унции (около 3 супени лъжици) мексиканско чоризо, обелено и ситно нарязано
- 3/4 чаша нарязан бял лук
- 2 скилидки чесън, нарязани на ситно
- 1 супена лъжица ситно нарязан лют червен пипер Serrano
- 1 чаша натрошени домати
- 1/2 супена лъжица изсушени листа риган
- 1/4 чаша хлабаво опакован кориандър

Упътвания

a) Запържете и добавете зеленчуците. Когато Frijoles de Olla са почти готови, загрейте зехтина в тиган на среден огън. Добавете чоризото и гответе, докато по-голямата част от мазнината се разтопи. Добавете лука, чесъна и чилито и продължете да готвите, докато започнат да омекват.

b) Добавете доматите и ригана и продължете да готвите, докато смачканите домати започнат да се сгъстяват и загубят своя тенекиен вкус, около 5 минути.

c) Добавете кориандъра и след това изсипете съдържанието на тигана при боба.

d) Довършете боба. Посолете и оставете да къкри 5 минути.

38. Frijoles Refritos (препържен боб)

4 порции по половин чаша

съставки

- 2 чаши Frijoles de Olla, приготвени с pinto или черен боб, или леко осолен или неосолен боб, бульонът е запазен
- 1 чаша бульон от боб
- 2 чаени лъжички смляно чипотле чили
- 1/2 чаена лъжичка смлян кимион
- 1/2 чаена лъжичка изсушени листа риган
- 2 супени лъжици зехтин екстра върджин
- 2 скилидки чесън, смлени

Упътвания

a) Обработете боба. Поставете боба в кухненски робот и добавете бульона, чипотле чили, кимион и риган. Обработвайте, докато бобът стане гладък, като добавите още бульон, ако изглежда твърде гъст.

b) Сварете боба. Загрейте тиган на среден огън и добавете мазнината или олиото. Добавете чесъна и го оставете да се готви само за няколко секунди, след което добавете пасирания боб. Гответе, като бъркате непрекъснато, докато бобът се загрее и стане толкова гъст или тънък, колкото искате.

c) Сервирайте гарнирани със сирене, ако желаете.

39. Боб в стил Санта Мария

Около 14 половин чаша порции

съставки

- 1 килограм пинкито боб, накиснат
- 1 супена лъжица екстра върджин зехтин
- 1/2 чаша шунка с ниско съдържание на натрий, нарязана на 1/4-инчови зарове
- 3 скилидки чесън, смлени
- 3/4 чаша натрошени домати
- 1/4 чаша чили сос
- 1 супена лъжица нектар от агаве или захар
- 2 супени лъжици смлян магданоз

Упътвания

a) Сварете боба. Отцедете боба, поставете го в тенджера и го покрийте с вода с около 1 инч. Оставете да заври, частично покрийте съда и оставете да къкри, докато омекнат, 45-90 минути. Проверявайте ги често, тъй като вероятно ще трябва да добавяте повече вода от време на време.

b) Пригответе сос от подправки.

c) Сложете зехтина в тиган на среден огън и добавете чесъна и гответе 1 минута. Разбъркайте доматите, чили соса, нектара от агаве и солта и оставете да къкри соса, докато започне да се сгъстява, 2-3 минути.

d) Довършете боба. Когато бобът омекне, отцедете всичко освен около 1/2 чаша от течността и разбъркайте в соса от подправки. Гответе боба за 1 минута, разбъркайте с магданоза и сервирайте.

РАДЖАС

40. Изгорени Раджи

съставки

- 2 супени лъжици зехтин екстра върджин
- 1 среден бял лук, нарязан на 1/4-инчови филийки
- 2 средни люти чушки Poblano, почистени от дръжките, семена и нарязани на 1/4-инчови филийки
- 3/4 чаена лъжичка кошер сол
- Прясно смлян черен пипер, на вкус
- Сок от 1/2 лайм или на вкус

Упътвания

a) Загрейте 12-инчов тиган на средно висока до висока температура. Добавете зехтина, лука и лютите чушки и гответе, като разбърквате почти непрекъснато, докато лютите чушки омекнат, започнат да стават златисти и се овъгляват малко.

b) Добавете солта, черния пипер и сока от лайм, разбъркайте добре и сервирайте.

41. Карамелизиран раджас

съставки

- 2 супени лъжици зехтин екстра върджин
- 2 средни глави бял лук, обелени, нарязани на 1/4-инчови филийки 3/4 чаена лъжичка кошер сол
- 3 скилидки чесън, нарязани на ситно
- 2 средни люти чушки Poblano, печени, обелени, почистени от семена и нарязани на 1/4-инчови филийки
- Прясно смлян черен пипер, на вкус
- Сок от 1/2 лайм или на вкус

Упътвания

a) Загрейте 12-инчов тиган на среден огън. Добавете зехтина, лука и солта, което ще помогне на лука да освободи течността си.

b) Гответе, като разбърквате често, докато лукът започне да придобива цвят, след което намалете топлината до средно ниска. Продължавайте да готвите лука бавно, като разбърквате често и регулирате температурата, за да не прегори, докато стане наситено златисто кафяв.

c) Добавете чесъна и печените люти чушки Poblano и гответе, докато чесънът и лютите чушки омекнат. Разбъркайте с черен пипер и сок от лайм и сервирайте.

42. Раджа от чушки

Добив: 6 порции

Съставка

- $\frac{1}{2}$ всяка зелена чушка
- $\frac{1}{2}$ всяка червена чушка
- $\frac{1}{2}$ всяка жълта чушка
- $\frac{3}{4}$ чаша сирене Monterey Jack; Настърган
- 2 супени лъжици нарязани зрели маслини
- $\frac{1}{4}$ чаена лъжичка червен пипер; Смачкани

Упътвания

a) Нарежете лентите чушка напречно на половинки.

b) Подредете в ненамазана подходяща за бройлери форма за пай, 9 X $1\frac{1}{4}$ инча или кръгла тава 9 X 2 инча. Поръсете със сирене, маслини и червен пипер.

c) Задайте управлението на фурната на печене. Печете чушките с горната част на 3 до 4 инча от котлона, докато сиренето се разтопи, около 3 минути.

43. Кремообразни раджас

Добив: 1 порции

Съставка

- ½ чаша зехтин
- 2 средни лука, наполовина и нарязани на 1/4-инчови филийки, по дължина
- 4 средни червени чушки, печени, обелени, почистени от семена и жулиени
- 1 чаша Тежка сметана
- ¾ чаша настъргано сирене Manchego или Monterey Jack
- ⅔чаша настъргано сирене Cotija, Romano или пармезан

Упътвания

a) В голям тиган загрейте олиото на среден огън. Задушете лука със сол и черен пипер, докато започне да повяхва и покафенее, 8 до 10 минути. Разбъркайте жулиените червени чушки и лютите чушки.

b) Налейте сметаната, оставете да заври и намалете да къкри. Гответе 4 минути или докато кремът започне да се сгъстява. Разбъркайте настърганите сирена и отстранете от котлона. Сервирайте веднага.

44. Раджас и гъби

Добив: 1 порции

Съставка

- 8 чили Халапеньо
- 8 чаши гъби
- 1 глава лук
- 4 скилидки чесън
- 1 стрък епазот
- Масло
- Сол

Упътвания

a) Измийте добре гъбите. Нарежете ги и ги запържете на слаб огън за около 10 минути, за да си пуснат сока. Посолява се. Нарежете лука. Скилидките чесън и епазота се нарязват на ситно.

b) Издълбайте чилито и го нарежете (оформяйки раджа или ленти).

c) Отцедете гъбите и ги запържете в малко олио заедно с лука, чесъна, епазота и чилито. Сервирайте с горещи тортили.

TAKOC

45. Rajas con Crema Tacos

съставки

Пълнеж:

- 5 чушки Поблано, изпечени, обелени, почистени от семките, нарязани на ивици
- 1/4 вода
- 1 Глава лук, бял, едро, нарязан на ситно
- 2 скилидки чесън, смлян
- ½ чаша зеленчуков бульон или бульон

Крема

- ½ чаша бадеми, сурови
- 1 скилидка чесън
- ¾ чаша вода
- ¼ чаша бадемово мляко, неподсладено или растително масло
- 1 с.л. Свеж лимонов сок

Упътвания

a) Загрейте голям тиган на среден огън, добавете вода. Добавете лука и запържете за 2-3 минути или докато стане мек и полупрозрачен.

b) Добавете чесън и ½ чаша зеленчуков бульон, покрийте и оставете на пара.

c) Добавете чушките Poblano и оставете да се готвят още 1 минута. Подправете със сол и черен пипер. Свалете от котлона и оставете леко да се охлади.

d) Поставете бадемите, чесъна, водата, бадемовото мляко и лимоновия сок в блендера и разбъркайте до гладкост. Подправете със сол и черен пипер.

e) Изсипете бадемовия крем върху охладената плънка и разбъркайте добре.

46. Сладки картофи и моркови Tinga Tacos

Общо време-30 минути

съставки

- 1/4 чаша вода
- 1 чаша тънко нарязан бял лук
- 3 скилидки чесън, смлени
- 2 1/2 чаши настърган сладък картоф
- 1 чаша настърган морков
- 1 кутия (14 унции) нарязани на кубчета домати
- 1 ч.ч. мексикански риган (по желание)
- 2 чушки Chipotle в adobo
- 1/2 чаша зеленчуков бульон
- 1 авокадо, нарязано
- 8 тортили

Упътвания

a) В голям тиган за задушаване на среден огън добавете вода и лука, гответе 3-4 минути, докато лукът стане прозрачен и омекне. Добавете чесъна и продължете да готвите, като разбърквате за 1 минута.

b) Добавете сладкия картоф и моркова в тигана и гответе 5 минути, като разбърквате често.

c) сос:

d) Поставете нарязаните на кубчета домати, зеленчуковия бульон, ригана и чушките в блендера и обработете до гладкост.

e) Добавете чипотле-доматен сос към тигана и гответе 10-12 минути, като разбърквате от време на време, докато сладките картофи и морковите се сварят. Ако е необходимо, добавете още зеленчуков бульон в тигана.

f) Сервирайте върху топли тортили и отгоре с резени авокадо.

47. Такос с картофи и чоризо

Порции: 4 порции

съставки

- 1 с.л. Растително масло, по желание
- 1 чаша лук, бял, смлян
- 3 чаши картофи, обелени, нарязани на кубчета
- 1 чаша веган чоризо, варено
- 12 тортили
- 1 чаша любимата ви салса

Упътвания

a) Загрейте 1 с.л. олио в голям тиган за сотиране на средно ниска температура. Добавете лука и гответе, докато омекне и стане полупрозрачен, около 10 минути .

b) Докато лукът се готви, поставете нарязаните картофи в малка тенджера с подсолена вода. Оставете водата да заври на висока температура. Намалете топлината до средна и оставете картофите да се варят за 5 минути.

c) Отцедете картофите и ги добавете в тигана с лука. Увеличете топлината до средно висока. Гответе картофите и лука за 5 минути или докато картофите започнат да покафеняват. Добавете още масло, ако е необходимо.

d) Добавете свареното чоризо в тигана и разбъркайте добре. Гответе още една минута.

e) Подправете със сол и черен пипер.

f) Сервирайте с топли тортили и салса по ваш избор.

48. Лятно Calabacitas Tacos

Порции: 4 порции

съставки

- 1/2 чаша зеленчуков бульон
- 1 чаша лук, бял, ситно нарязан
- 3 скилидки чесън, смлян
- $\frac{1}{4}$ чаша зеленчуков бульон или вода
- 2 големи тиквички, нарязани на кубчета
- 2 чаши домат, нарязан на кубчета
- 10 тортили
- 1 авокадо, нарязано
- 1 чаша любима салса

Упътвания

a) В голяма тенджера с дебело дъно поставете на среден огън; изпотете лука в 1/4 чаша зеленчуков бульон за 2 до 3 минути, докато лукът стане полупрозрачен.

b) Добавете чесъна и налейте останалата $\frac{1}{4}$ чаша зеленчуков бульон, покрийте и оставете на пара.

c) Открийте, добавете тиквичката и гответе 3-4 минути, докато започне да омеква.

d) Добавете домата и гответе още 5 минути или докато всички зеленчуци омекнат.

e) Подправете на вкус и сервирайте върху топли тортили с резени авокадо и салса.

49. Пикантни тако с тиквички и черен боб

Порции: 4 порции

съставки

- 1 с.л. Растително масло, по желание
- ½ бял лук, нарязан на ситно
- 3 скилидки чесън, смлян
- 2 мексикански тиквички, големи, нарязани на кубчета
- 1 кутия (14,5 унции) черен боб, отцеден

Чили де Арбол сос:

- 2 - 4 Chile de Arbol, изсушени
- 1 чаша бадеми, сурови
- ½ лук, бял, голям
- 3 скилидки чесън, необелен
- 1 ½ чаши зеленчуков бульон, топъл

Упътвания

a) Загрейте растително масло до среден огън в голям тиган за сотиране. Добавете лука и задушете за 2-3 минути или докато лукът стане мек и полупрозрачен.

b) Добавете скилидките чесън и гответе за 1 минута.

c) Добавете тиквичките и гответе, докато омекнат, около 3-4 минути. Добавете черния боб и разбъркайте добре. Оставете да се готви още 1 минута. Подправете със сол и черен пипер.

d) За да направите соса: загрейте тиган, комал или чугунен тиган на средно висока температура. Запечете чили от всяка страна, докато леко се запекат, около 30 секунди от всяка страна. Извадете от тигана и оставете настрана.

e) Добавете бадемите в тигана и препечете до златисто, около 2 минути. Извадете от тигана и оставете настрана.

f) Запечете лука и чесъна до леко овъгляване, около 4 минути от всяка страна.
g) Поставете бадемите, лука, чесъна и лютите чушки в блендера. Добавете топлия зеленчуков бульон. Обработете до гладкост. Подправете със сол и черен пипер. Сосът трябва да е гъст и кремообразен.

50. Телешко тако в биволски стил

Прави 4 порции

Съставка

- 1-килограмова телешка кайма (95% постно)
- 1/4 чаша сос от лют червен пипер за биволски крилца
- 8 черупки тако
- 1 чаша тънко нарязана маруля
- 1/4 чаша намалено съдържание на мазнини или обичайно
- приготвен дресинг от синьо сирене
- 1/2 чаша настърган морков
- 1/3 чаша нарязана целина
- 2 супени лъжици нарязан пресен кориандър
- Пръчки от моркови и целина или стръкчета кориандър (по желание)

Упътвания

a) Загрейте голям незалепващ тиган на среден огън, докато се загрее. Добавете смляно говеждо месо; гответе 8 до 10 минути, като разбивате на малки трохи и разбърквате от време на време. Извадете от тигана с решетъчна лъжица; излейте капките. Върнете се в тиган; разбъркайте в пипер сос. Гответе и разбърквайте 1 минута или докато се загрее.

b) Междувременно загрейте черупките на тако според

c) указанията на опаковката .

d) Равномерно лъжица смес от говеждо месо в тако черупки. Добавете маруля; залейте с дресинга. Поръсете равномерно отгоре морков, целина и кориандър. Украсете с пръчици морков и целина или стръкчета кориандър, ако желаете.

51. Телешки тако опаковки

Прави 4 порции

Съставка

- 3/4 паунда тънко нарязано печено говеждо месо
- 1/2 чаша дип от черен боб без мазнини
- 4 големи (около 10 инча диаметър) тортили от брашно
- 1 чаша тънко нарязана маруля
- 3/4 чаша нарязан домат
- 1 чаша настъргано сирене с тако с намалено съдържание
- на мазнини
- Салса

Упътвания

a) Разпределете дип от черен боб равномерно върху едната страна на всяка тортила.

b) Сложете деликатесно печено говеждо върху дип от боб, оставяйки 1/2-инчова граница около краищата. Поръсете равни количества маруля, домат и сирене върху всяка тортила.

c) Сгънете дясната и лявата страна до центъра, припокривайки ръбовете. Сгънете долния край на тортиля нагоре върху пълнежа и затворете рулото.

d) Разрежете всяко руло на две. Сервирайте със салса, ако желаете.

52. Телешко тако на скара в стил карнитас

Прави 6 порции

Съставка

- 4 телешки плоски железни пържоли (около 8 унции
- всяка)
- 18 малки царевични тортили (6 до 7 инча в диаметър)

Топинги:

- Смлян бял лук, нарязан пресен кориандър, резени лайм

Марината:

- 1 чаша готова доматило салса
- 1/3 чаша нарязан пресен кориандър
- 2 супени лъжици пресен сок от лайм
- 2 супени лъжици смлян чесън
- 1/2 чаена лъжичка сол
- 1/4 чаена лъжичка черен пипер
- 1-1/2 чаши готова доматило салса
- 1 голямо авокадо, нарязано на кубчета
- 2/3 чаша нарязан пресен кориандър
- 1/2 чаша смлян бял лук
- 1 супена лъжица пресен сок от лайм
- 1 чаена лъжичка смлян чесън
- 1/2 чаена лъжичка сол

Упътвания

a) съставките на марината в малка купа. Поставете говежди пържоли и марината в безопасна за храна найлонова торбичка; обърнете пържолите, за да ги намажете. Затворете здраво торбата и мариновайте в хладилника от 15 минути до 2 часа.

b)

c) Извадете пържолите от марината; изхвърлете марината. Поставете пържолите върху решетка върху средни, покрити с пепел въглища. Скара, покрита, 10 до 14 минути (на среден огън на предварително загрята газова скара, 12 до 16 минути) за средно изпечена (145°F) до средна (160°F)

d) готовност, като обръщате от време на време.

e) Междувременно смесете съставките за салса от авокадо в средна купа. Заделени.

f) Поставете тортили върху решетка. Печете на грил, докато се загрее и леко се овъгли. Премахване;

g) Поддържай топло.

h) Нарежете пържолите на филийки. Сервирайте в тортили със салса от авокадо. Покрийте с лук, кориандър и резенчета лайм по желание.

53. Малки тарти с говеждо тако

Прави 30 малки тарта

Съставка

- 12 унции телешка кайма (95% постно)
- 1/2 чаша нарязан лук
- 1 скилидка чесън, нарязана на ситно
- 1/2 чаша готов мек или среден тако сос
- 1/2 чаена лъжичка смлян кимион
- 1/4 чаена лъжичка сол
- 1/8 чаена лъжичка черен пипер
- 2 опаковки (по 2,1 унции) замразени мини фило черупки
- (общо 30 черупки)
- 1/2 чаша настъргана смес от мексикански сирена с намалено съдържание на мазнини
- **Топинги:** Настъргана маруля, нарязани гроздови или чери домати, гуакамоле, нискомаслена сметана, нарязани зрели маслини

Упътвания

a) Загрейте фурната до 350°F. Загрейте голям незалепващ тиган на среден огън, докато се загрее. Добавете смляно говеждо месо, лук и чесън в голям незалепващ тиган на среден огън за 8 до 10 минути, като говеждото се натроши на малки трохи и се разбърква от време на време. Излейте капките, ако е необходимо.

b) Добавете тако сос, кимион, сол и черен пипер; гответе и

c) разбъркайте 1 до 2 минути или докато сместа се загрее.

d) Поставете фило черупки върху тава за печене с ръбове. Лъжица говеждо смес равномерно в черупки. Отгоре поръсете равномерно със сирене. Печете 9 до 10 минути или докато черупките станат хрупкави и сиренето се разтопи.

e) Горни тарти с маруля, домати, гуакамоле, заквасена сметана и маслини по желание.

54. Един тиган за тако със сирене

Прави 30 малки тарта

Съставка

- 1 килограм постно говеждо месо
- 1 голяма глава жълт лук, нарязан на кубчета
- 2 средни тиквички, нарязани на кубчета
- 1 жълта чушка, нарязана на кубчета
- 1 пакет подправка за тако
- 1 консерва нарязани на кубчета домати със зелени люти
- чушки
- 1 1/2 чаша настърган чедър или сирене Monterey Jack
- Зелен лук за гарнитура
- Маруля, ориз, брашно или царевични тортили за сервиране

Упътвания

a) Загрейте голям незалепващ тиган на среден огън, докато
b) се загрее. Добавете телешка кайма, лук,
c) тиквички и жълт пипер; гответе 8 до 10 минути, като разбивате на малки трохи и разбърквате от време на време. Излейте капките, ако е необходимо.
d) Добавете подправка за тако, 3/4 чаша вода и нарязани на кубчета домати. Намалете топлината до минимум и
e) оставете да къкри за 7 до 10 минути.
f) Отгоре поръсете с натрошено сирене и зелен лук. Не се разбърква.
g) Когато сиренето се разтопи, сервирайте върху легло от маруля, ориз или в брашно или царевични тортили!

55. Пола пържола улични такос

Прави 6 тако

Съставка

- 1 Skirt Steak, нарязан на 4 до 6-инчови порции (1-1/2 до 2 паунда), нарязан напречно на тънки ивици
- 12 6-инчови царевични тортили
- 1/2 чаена лъжичка сол
- 1/4 чаена лъжичка кайенски пипер
- 1/2 чаена лъжичка чесън на прах
- 1/2 чаена лъжичка смлян чесън
- 1 чаена лъжичка масло
- 1 чаша лук, нарязан на кубчета
- 1/2 чаша листа кориандър, грубо нарязани
- 2 чаши тънко нарязано червено зеле

Винегрет с кориандър и лайм:

- 3/4 чаша листа кориандър
- Сок от 2 лайма
- 1/3 чаша зехтин
- 4 супени лъжици смлян чесън
- 1/4 чаша бял оцет

- 4 супени лъжици захар
- 1/4 чаша мляко
- 1/2 чаша сметана

Упътвания

a) Загрейте олиото на среден огън. Подправете нарязаната пържола със сол, лют червен пипер и чесън на прах. Добавете пържолата в тигана и задушете до готовност (8 до 10 минути). Добавете чесъна и запържете още 1 до 2 минути, докато чесънът започне да ароматизира. Свалете от котлона и нарежете пържолата на кубчета.

b) Разбийте заедно всички съставки за винегрет. Добавете сместа в блендер и разбъркайте до гладкост, около 1 до 2 минути.

c) Напълнете затоплените царевични тортили (използвайте две на тако) с пържола, лук, нарязан кориандър и зеле. Полейте с винегрет и сервирайте.

СУПИ И САЛАТИ

56. Сопа Тараска

4 порции

съставки

За лентите тортила

- 2 тортили, нарязани на ленти с дължина около 2 инча и ширина 1/8 инча
- олио за пържене на лентите тортила

За супата

- 1 супена лъжица масло
- 2/3 чаша нарязан бял лук
- 2 скилидки чесън, наситнени
- 2-1/4 чаши, безсолни нарязани домати със сок
- 1 супена лъжица чист анчо чили на прах
- Приблизително 5 чаши пилешки бульон с ниско съдържание на натрий
- 2 дафинови листа
- 1/2 чаена лъжичка цяла сушена мащерка
- 1/4 чаена лъжичка майорана
- 1/4 чаена лъжичка изсушен лист риган

- 1 чаена лъжичка сол или на вкус
- 1 чаша настъргано queso fresco или заместител на прясна моцарела
- 2 чили анчо, стъблата и семената отстранени, нарязани наполовина и задушени във вода за 15 минути
- 1/4 чаша сметана
- 1 глава зелен лук, смлян (само зелената част)

Упътвания

a) Изпържете ивиците тортила. Загрейте около 2 инча масло в средно голяма тенджера до около 350°F. Запържете лентите тортила, докато станат хрупкави. Отцежда се върху хартиени кърпи и се запазва.

b) Направете супата. Загрейте тиган на умерен огън, добавете олиото и задушете лука и чесъна, докато лукът омекне, но не покафенее, 4-5 минути. Поставете ги в блендер; добавете доматите със сока им и чилито на прах и пасирайте.

c) Добавете чаша или 2 бульон (каквото побере вашият блендер), разбъркайте, за да разбъркате, и след това изсипете сместа в тенджера.

d) В тенджерата добавете останалия бульон, дафиновите листа, мащерката, майораната, ригана и солта. Оставете да заври и оставете да къкри 15 минути.

e) Сервирайте супата. Поставете 1/4 чаша сирене и 1/2 меко анчо във всяка от четирите купички. Залейте супата върху сиренето и я поръсете със заквасена сметана, ивици тортила и зелен лук.

57. Супа от черен боб

съставки

- 1/2 супена лъжица екстра върджин зехтин
- 1/2 чаша нарязан бял лук
- 3 скилидки чесън, наситнени
- 1 много малка люта чушка анчо, почистена от семена и накъсана на малки парченца, или 1/2 по-голяма люта чушка
- 1 чаена лъжичка нарязан чипотле чили
- 1 (15-унция) консерва несолен черен боб, включително течността 1/2 чаена лъжичка сол
- 3 чаши пилешки бульон с ниско съдържание на натрий
- 1/4 чаена лъжичка смлян кимион
- 1/2 супена лъжица нарязан кориандър
- 1 стрък епазот (по избор)
- 1/2 чаена лъжичка пушен сладък испански червен пипер 1/2 чаена лъжичка сол, ако използвате несолен боб 1/4 чаена лъжичка фино смлян черен пипер 1 чаена лъжичка прясно изцеден сок от лайм
- 1 супена лъжица сухо шери

Упътвания

a) Направете супата. Загрейте зехтина в средно голяма тенджера на среден огън, докато започне да блести. Добавете лука и гответе, докато омекне, но не покафенее.

b) Добавете чесъна и гответе още една минута, след това добавете и двете люти чушки и продължете да готвите, като разбърквате често, 1-1/2-2 минути.

c) Добавете останалите съставки с изключение на сока от лайм и шерито, оставете да заври, частично покрийте и оставете да къкри за 10 минути.
d) Оставете сместа да изстине. Отстранете и изхвърлете епазота, ако сте го използвали. Изсипете съставките в блендер и пасирайте за 2 минути или докато стане на пюре, на 2 партиди, ако е необходимо.
e) Върнете супата в тенджерата, оставете да заври, разбъркайте сока от лайм и шерито и сервирайте.

58. Супа по тлапански

6 порции

съставки

- 2 домата, печени
- 6 чаши пилешки бульон с ниско съдържание на натрий
- 1/2 паунд пилешки гърди без кости и кожа 1 супена лъжица необработен зехтин 1 чаша ситно нарязан бял лук
- 2 скилидки чесън, смлени
- 3/4 чаша обелени и ситно нарязани моркови
- 1-1/2 чаши боб гарбанцо, отцедени и изплакнати
- 1 чаша ситно нарязани тиквички
- 1/2 чаша замразен зелен грах, размразен
- 1 сушено чипотле чили или едно чипотле плюс 1 чаена лъжичка сос адобо
- 1 чаена лъжичка прясно изцеден сок от лайм 1/4 чаена лъжичка фино смлян черен пипер 1/4 чаена лъжичка сол или на вкус
- 1 средно узряло авокадо, нарязано на 1/2-инчови парчета 1/4 чаша настъргано сирене cotija (по избор) Лайм клинове

Упътвания

a) Подгответе доматите. Пасирайте доматите в блендер или кухненски робот и прецедете през финото острие на мелница за храна или ги избутайте през цедка. резерва.

b) Сварете и нарежете пилето. Поставете бульона и пилешките гърди в голяма тенджера, оставете да заври и гответе, докато пилето се свари, около 10 минути. Извадете пилето и запазете бульона.

c) Когато пилето се охлади достатъчно, за да се справяте, нарежете го и разпределете в четири супени купички.

d) Направете супата. Загрейте голяма тенджера на среден огън. Добавете зехтина и лука и запържете, докато лукът едва започне да покафенява, около 5 минути. Добавете чесъна и гответе още 1 минута. Добавете запазения бульон и останалите съставки с изключение на авокадото и сиренето и оставете да къкри 8-10 минути.

e) Довършете и сервирайте супата. Извадете чилито и залейте супата върху свареното пиле. Добавете равни части от авокадото във всяка купа и отгоре поръсете с малко сирене, ако желаете. Сервирайте с резени лайм отстрани.

59. Супа Пуебла

4 порции по половин чаша

съставки

- 2-1/2 супени лъжици олио за готвене
- 4 унции обелен и нарязан картоф
- 3-1/4 чаши пилешки бульон с ниско съдържание на натрий
- 1 чаша нарязан бял лук
- 2 чаши обелени и нарязани тиквички
- 3/4 чаша печено, обелено, почистено от семена и нарязано чили Poblano
- 1/4 препълнена чаена лъжичка сушена мащерка
- 1/4 препълнена чаена лъжичка сол
- 3/4 чаша 2% мляко
- 2 унции част обезмаслено мляко

Упътвания

а) Сварете картофите и направете бульона. Загрейте тенджера на среден огън. Разтопете 1/2 супена лъжица олио и добавете картофите.

b) Запържете картофите, докато започнат да омекват, но не ги оставяйте да покафенеят, 4-5 минути. Добавете 1-1/4 чаши бульон в тенджерата, покрийте и оставете да къкри за 5 минути.
c) Изсипете бульона и картофите в блендер, пасирайте около 2 минути. Добавете останалия бульон и разбъркайте.

d) Сварете зеленчуците. На среден огън разтопете останалото олио в същия съд, в който сте готвили картофите. Разбъркайте лука и тиквичките и гответе, докато лукът омекне, но не покафенее, около 5 минути.
e) Направете супата. Добавете останалите люти чушки, мащерката, солта и смесените картофи и бульона към зеленчуците и оставете да къкри за 5 минути. Разбъркайте с млякото и оставете да къкри още 5 минути.

60. Картофена салата

4 порции

съставки

За дресинга

- 1/8 чаена лъжичка сол
- 1/4 чаена лъжичка черен пипер
- 2 супени лъжици зехтин екстра върджин
- 1 супена лъжица ситно нарязан лук
- 1 супена лъжица ситно нарязан магданоз
- 1 супена лъжица ситно нарязан кориандър

За салата

- 1-1/4 чаши обелени моркови, нарязани на кубчета, 1/2-инчови парчета
- 2-1/2 чаши обелени и нарязани на кубчета картофи, 1/2-инчови парчета
- 2 унции чоризо, отстранена кожа, нарязано на ситно
- 1 чили Serrano, отстранени семките и жилките, смляно
- 1 средно до голямо авокадо, нарязано на 1/2-инчови парчета (по избор)

Упътвания

a) Направете дресинга. В купа разбийте заедно солта и черния пипер. Добавете зехтина на бавна струя, като бъркате непрекъснато, за да създадете емулсия, след това добавете дивия лук, магданоза и кориандъра и разбъркайте добре.

b) Сварете картофите и морковите. Оставете 6 чаши вода да заври. Добавете солта и морковите и оставете да къкри, докато морковите станат много крехки, но не и кашави. Извадете сварените моркови с помощта на цедка и изплакнете под студена течаща вода, за да спрете варенето.
c) Сварете картофите в същата вода, докато омекнат, но не станат на каша, и ги отцедете в гевгир. Изплакнете под студена течаща вода, за да спрете готвенето.

d) Сгответе чоризото. Загрейте тиган с незалепващо покритие на среден огън и добавете чоризото. Веднага щом започне да цвърчи, добавете Serrano и продължете да готвите, като разбърквате и натрошавате чоризото с пластмасова или дървена лъжица, докато стане златисто и започне да става хрупкаво.
e) Довършете салатата. Когато чоризото е готово, свалете тигана от котлона. Оставете да се охлади за 1 минута, след което разбъркайте запазените моркови и картофи.
f) Изстържете всичко в средно голяма купа, добавете дресинга и авокадото, ако използвате, и разбъркайте внимателно, но старателно.

61. Салата на текиладжия

4 порции

съставки

За дресинга

- 2 супени лъжици сангрита
- 1 супена лъжица плюс 2 чаени лъжички прясно изцеден сок от лайм
- 1/4 чаша екстра върджин зехтин
- Сол на вкус
- 3/4 чаена лъжичка прясно смлян черен пипер или на вкус

За салата

- 1 чаша нопалито, изсушено в сол или сварено до омекване
- 2 чаши боб гарбанцо, изплакнати и отцедени
- 2 чаши пресен спанак, опакован
- 1 голям домат, нарязан на хапки
- 1 голямо авокадо или 2 малки, нарязани
- 2 глави зелен лук, нарязани на ситно
- 1/4 чаша кайма кориандър
- 4 унции queso fresco

Упътвания

a) Направете дресинга. В малка до средно голяма купа разбийте сангритата и сока от лайм.

b) Продължете да разбивате енергично, докато добавяте зехтина на бавна струя, докато дресинга се емулгира. Разбъркайте със сол и черен пипер.

c) Направете салата. Комбинирайте всички съставки на салатата в голяма купа. Добавете дресинга и разбъркайте добре.

62. Ensalada de Col

съставки

За дресинга

- 2 супени лъжици плюс
- 2 чаени лъжички сол
- 1/2 чаена лъжичка ситно смлян черен пипер 1/3 чаша олио

За сламата

- 12 унции много ситно нарязано или настъргано зелено зеле
- 6 унции много фино нарязано или настъргано лилаво зеле
- 4 унции обелени настъргани моркови

Упътвания

a) Направете дресинга. Разбийте заедно солта и черния пипер и след това разбийте олиото на бавна струя.

b) Направете сламата. Комбинирайте съставките на сламата в голяма купа и ги залейте с дресинга. Оставете сламата на стайна температура за 3 до 4 часа, като я разбърквате на всеки половин час. В края на това време зелето ще е омекнало и вкусовете ще са се смесили.

c) Изсипете сламата в голяма цедка, за да се отцеди излишната течност (и сол) и охладете до готовност за сервиране, като от време на време изливайте излишната течност.

d) Сламата се съхранява в хладилник около седмица.

ТОСТАДАС

63. Основни тостади

4 порции, по 2 тостади всяка

съставки

- 8 черупки тортила тостада
- 1/2 чаша препържен боб
- 3/4 чаша пълнеж от чоризо, картофи и моркови
- 1 чаша настъргана маруля
- 3/4 чаша нарязани домати
- 2 супени лъжици натрошено козе сирене
- Салса

Упътвания

a) Поставете 2 черупки тостада върху всяка от четири чинии и разпределете около 2 супени лъжици боб върху всяка.

b) Отгоре поръсете с равни количества пълнеж от чоризо, картофи и моркови, марулята, доматите и сиренето и сервирайте със салсата.

64. Картофи Gorditas

Около 16 Гордита

съставки

- 14 унции приготвена маса за тортили или 1-1/2 чаши Maseca и 1 чаша плюс 1 супена лъжица вода
- 9 унции обелени червени картофи (претеглени след обелване), нарязани на 1-1/2-инчови парчета
- 2 супени лъжици олио за готвене, плюс спрей за готвене за пържене на Gorditas
- 1/2 чаена лъжичка сол
- Pico de Gallo или любимата ви салса
- 1/2 чаша гуакамоле

Упътвания

a) Пригответе масата. Ако използвате Maseca за тортили, сложете 1-1/2 чаши в средно голяма купа и разбъркайте 1 чаша плюс 1 супена лъжица вода с дървена лъжица. Месете тестото за около 2 минути, или докато стане съвсем гладко, след което го оставете да почине за 30 минути, покрито с найлоново фолио, за да се хидратира напълно.

b) Тестото трябва да тежи около 14 унции.

c) Сварете картофите и завършете тестото. Поставете картофите в тенджера, покрийте ги с няколко инча вода и оставете да къкри, докато се пробият лесно с нож за къдрене.

d) Отцедете картофите и ги прекарайте в варива или ги намачкайте старателно. Разбъркайте олиото и солта. За да завършите тестото, комбинирайте 14 унции тортила маса и сместа от картофено пюре.

e) Оформете Gorditas. Намачкайте 1-1/2-унция парчета от тестото на кръгове. Те трябва да са с дебелина между 1/8 и 1/4 инча. Загрейте незалепващ тиган на среден огън (около 350°-375°F, ако имате лазерен термометър).
f) Добавете достатъчно спрей за готвене, за да покриете повърхността и гответе тестото, докато започне да става златисто кафяво на дъното, около 4 минути. Обърнете гордите и гответе още 4 минути от другата страна.
g) Покрийте ги с малко Pico de Gallo, гуакамоле или почти всичко друго, което харесвате, и сервирайте.

65. Тостади с говеждо месо

Добив: 4 порции

Съставка

- Сервирайте Tostadas отворени със заквасена сметана или салса.
- 4 големи тортили от брашно
- 1 паунд постно смляно говеждо месо
- 1 лук, нарязан
- 1 всяка чушка халапеньо, почистена и нарязана на кубчета
- По 1 скилидка чесън, смляна
- 1 супена лъжица чили на прах
- 1 чаена лъжичка Смлян кимион
- $\frac{1}{4}$ чаена лъжичка сол
- щипка пипер
- 1 голям домат, почистен от семките и нарязан
- 1 чаша всяка: настъргана маруля

Упътвания

a) Peirce тортили на няколко места; загрейте всяко в микровълнова фурна на решетка при висока температура за 1-$\frac{1}{2}$ до 2 минути или докато станат едва хрупкави, като ги обърнете и завъртите веднъж.

b) Поставете върху чинии за микровълнова фурна. В купа с 8 чаши натрошете говеждо месо, добавете лук, халапеньо и чесън. Печете в микровълновата на висока степен, като разбърквате често, за 3-5 минути или докато месото вече не е розово. Разбъркайте чили на прах, кимион, сол и черен пипер. Добавете домат, загрейте в микровълновата на висока степен за 1-2 минути или докато се загрее. С помощта на решетъчна лъжица разпределете между тортилите, поръсете с маруля, след това със сирене.

c) Поставете всяка в микровълнова на висока температура за 30-60 секунди или докато сиренето се разтопи.

66. Chipotle пилешка тостада

Добив: 4 порции

Съставка

- 2 цели пилешки гърди без кости и кожа
- x Сол и черен пипер
- 1½ чаша печена салса Rosarita, мед.
- ¼ чаша портокалов сок
- 1 супена лъжица Чипотле от консерва, пюрирани
- 2 кутии (16 унции еа.) Розарита без мазнини Традиционен препържен боб
- 4 големи набраздени черупки тостадо, загряти
- 2 чаши накъсана маруля
- 1 чаша настъргано нискомаслено сирене Чедър
- 1 чаша нарязани на кубчета домати
- ½ чаша нискомаслена заквасена сметана (опция)
- ¼ чаша нарязани зрели черни маслини
- ¼ чаша нарязан зелен лук

Упътвания

a) Поставете пилето в плитък стъклен съд за печене. Поръсете със сол и черен пипер на вкус. Печете на 350 градуса F. за 20 до 25 минути, или докато пилето стане леко кафяво и крехко. Нарежете на ивици или настържете с вилица. В малка купа за смесване комбинирайте пиле, 1 чаша Rosarita салса, портокалов сок и chipotle chiles; Смесете добре. Заделени.

b) Комбинирайте препържен боб Rosarita и останалата салса Rosarita в тенджера. Загрейте на умерен огън 5-7 минути, като разбърквате често. Поставете 1 супена лъжица гореща смес от боб в центъра на всяка от 4 чинии за сервиране.
c) Поставете предварително загряти черупки тостада върху топла смес от боб, за да предотвратите движение.
d) Разпределете съставките по равно между черупките тостада и наслоете в следния ред: смес от боб, смес от пилешка салса, маруля, чедър, домати, заквасена сметана, маслини и зелен лук.

67. Сладолед с кокосово мляко тостада мелба

Добив: 6 порции

Съставка

- 1 чаша кокосови ленти
- 6 чаши десертна тостада
- Ананасово-анасонов сос

Упътвания

a) Поставете кокоса в ненамазнен тиган и разбъркайте на среден огън, докато стане осеян със златистокафяви петна, около 2 минути.

b) За да сглобите, поставете 2 или 3 лъжички сладолед с кокосово мляко в центъра на всяка чаша тостада.

c) Отгоре намажете със сос от ананас и анасон и препечените кокосови ивици. Яжте веднага.

68. Тостада със скариди с гуакамоле

Добив: 4 порции

Съставка

Гуакамоле

- 2 големи авокадо
- 2 супени лъжици пресен сок от лайм
- $\frac{1}{2}$ чаена лъжичка сол
- 2 глави зелен лук
- 1 малък домат обелен; четвъртити
- 1 скилидка чесън
- 1 малка люта чушка без семки

Скариди и тостади

- Олио за пържене
- 8 тортили
- 32 средни скариди
- 1 кутия 16 унции. пържен боб
- 2 супени лъжици масло
- Свежа салса
- Малки купички нарязана маруля, лук,
- Фреска Queso
- Магданоз.

Упътвания

a) Гуакамоле: Нарежете авокадото наполовина и отстранете костилките, извадете месото от авокадо от черупката и го поставете в кухненски робот, добавете сок от лайм, обработете, докато стане на пюре.

b) Добавете сол, лук, домат, чесън и дребна люта чушка към сместа и обработете отново до фино пюре. Прехвърлете в малка купа, за да я поднесете на масата.

c) Пържете тортили: Загрейте 1" олио в плитък тиган 8"-9". Плъзнете тортили една по една в олио и изпържете от всяка страна до златисто. Извадете веднага, отцедете върху хартиени кърпи.
d) Печете скариди, пригответе боб:
e) Нанижете скаридите на 8 10" шишчета и ги изпечете на скара върху въглища. Докато скаридите се готвят, прехвърлете препържения боб от кутията в тенджера
f) Добавете 2 супени лъжици масло, разбъркайте добре и загрейте на слаб огън. Когато скаридите са сготвени, извадете шишчетата, прехвърлете ги в малък съд и донесете на масата.
g) Гостите трябва да направят свои собствени тостади. Разпределете препържения боб върху пържена тостада. Подредете скариди върху това и налейте малко салса и гуакамоле върху скариди. След това добавете малко маруля, лук и сирене отгоре. Отгоре поръсете с магданоз или кориандър.

ДЕСЕРТ

69. Флан де кесо

Добив: 4 порции

Съставка

- 4 Голямо яйце s
- 1 кутия (14 Oz) Кондензирано мляко; Подсладени
- 1 кутия (12 унции) изпарено мляко
- 6 унции Крема сирене
- 1 ч.л Екстракт от ванилия

Упътвания

a) Смесете заедно яйцата, млякото и ванилията.

b) Омекотете крема сиренето и го разбъркайте заедно с останалите съставки.

c) Внимавайте да не прекалите с крема сиренето или това ще причини въздушни джобове във флана.

d) Пригответе карамел, като варите $\frac{1}{2}$ чаша захар на слаб огън, докато захарта се втечни. Използвайте метален контейнер, за да направите това.

e) Обърнете точно толкова карамел в тигана/рамекина, колкото да покрие дъното.

f) След като захарта се втвърди, изсипете тестото, което сте приготвили в стъпки 1 и 2, в тиган/рамекин.

g) Поставете тиган/рамекин в марита. Тиганът/рамекинът, в който са съставките, трябва да бъде $\frac{3}{4}$ потопен във вода.

h) Печете на 325 градуса по Фаренхайт за около $\frac{1}{2}$ час. Фланът е готов, когато нож/клечка за зъби, поставени в него, излезе чиста.

70. мексиканска питка с месо

Добив: 1 порции

Съставка

- 1 паунда Кайма
- 1 Яйце
- 1 малка Нарязан лук
- Чеснова сол
- Магданоз
- $\frac{1}{2}$ чаша Хлебни трохи
- $\frac{1}{2}$ чаша Мляко
- 1 супена лъжица Горчица
- 2 Кубчета телешки бульон
- 1 супена лъжица сос Уорчестър
- 5 Моркови но по дължина
- 1 кутия Доматен сок
- 2 средни Картофи

Упътвания

a) Смесете смляното месо, яйцето, лука, чесъна, солта, магданоза, галета, млякото и горчицата, като ги стегнете здраво.

b) Оваляйте в овкусено брашно с червен пипер, сол и черен пипер. Запържете в електрически тиган, запържете от всички страни. Добавете кубчета бульон, сос Уорчестър, моркови, доматен сок и картофи.

c) Гответе всички заедно с месото за около 1 час и 15 минути, или до готовност.

71. Диня Paleta Shot

Време за подготовка 15 минути

съставки

- 4 чаши нарязана на кубчета диня без семки
- $\frac{1}{2}$ чаша текила, (Corralejo reposado)
- 3 с.л. Сок от лайм, пресен
- $\frac{1}{2}$ чаша захар или подсладител по ваш избор
- 10 ч.ч. Тажин чили на прах

Упътвания

a) Поставете динята, текилата, сока от лайм и захарта в блендера и разбъркайте до гладкост.

b) Поставете 1 ч.л. чили на прах на дъното на всяка формичка за сладко.

c) Изсипете динената смес във форми, затворете с капаци, поставете пръчици за сладко и замразете за една нощ.

72. Карлота де Лимон

Порции: 8 порции

съставки

- 1 опаковка (16 унции). Копринено тофу (меко)
- 1/3 чаша бадемово мляко, неподсладено
- 1 чаша захар или любимия ви подсладител
- 1/3 чаша сок от лайм, пресен
- 2 опаковки (ръкава) бисквитки Vegan Maria

Упътвания

a) Поставете тофу, захарта и бадемовото мляко в блендера. Включете блендера на ниска степен и постепенно добавете сока от лайм, докато сместа се сгъсти и покрие гърба на лъжица.

b) Постелете дъното на 8×8 стъклена форма за печене с хартия за печене, добавете крем от лайм и го покрийте със слой бисквитки и изсипете малко от сместа от крем от лайм отгоре; достатъчно, за да ги покрие, но не и да ги удави.

c) Повторете този процес, като добавите друг слой бисквитки и след това го покриете с крема от лайм, повтаряйте, докато цялата смес от крем от лайм и бисквитките се изразходват.

d) НЕ НАТИСКАЙТЕ бисквитките. Искате добър слой крем от лайм между бисквитките и като ги натиснете надолу с избутайте крема от лайм настрани.

e) Поставете тортата в хладилник за поне 4 часа или докато стегне.

f) Обърнете съда за печене в чиния. Внимателно отлепете пергамента.

73. Манго и Chamoy Slushie

Порции: 2 порции

съставки

Chamoy

- 1 чаша кайсии, сушени
- 2 чаши вода
- 2-3 с.л. Чили анчо на прах
- 2 с.л. Сок от лайм, пресен

Слъши

- 1 чаша + 2 с.л. Манго, нарязано на кубчета
- 1 чаша лед
- 6 с.л. Chamoy
- 1 лайм, сок от
- Чили на прах на вкус (tajín)

Упътвания

a) За да направите лайка, поставете сушените кайсии и водата в тенджера и ги сложете да заври. Намалете топлината и оставете да къкри за 30 минути. Заделени.

b) Запазете $\frac{3}{4}$ от чаша течност за готвене на кайсии.

c) Вземете задушените кайсии, запазената течност за готвене, чили анчо на прах, сока от лайм и пасирайте до гладкост. Добавете повече или по-малко вода за по-рядка или по-гъста консистенция. (Оставих моята малко по дебелата страна.) Оставете да изстине.

d) За да направите каша, поставете $\frac{1}{2}$ чаша манго на дъното на контейнера на блендера, добавете слой лед, продължете да редувате слоевете по този начин с останалия лед и 1 чаша манго.

e) Блендирайте на средна скорост, докато остане гъста консистенция. Парчетата лед, макар и малки, все още трябва да се виждат.
f) За да сглобите, разпределете в чаши и налейте една с.л. лайка в дъното на всяка. Добавете слой манго киша, последван от друга с.л. от лайка. Повторете още веднъж.
g) Поръсете 1 с.л. нарязано на кубчета манго върху всяка готова каша. Изстискайте половин лайм във всяка чаша и отгоре поръсете с колкото искате чили на прах. Сервирайте с лъжица и сламка.

74. Шоколадов мус

Около 10 порции по четвърт чаша

съставки

- 1 килограм копринено или меко тофу
- 1 чаена лъжичка ванилов екстракт
- 1 супена лъжица мед
- 3/4 чаена лъжичка чист анчо чили на прах 1/8 чаена лъжичка сол
- 1/4 препълнена чаена лъжичка канела
- 5-1/4 унции черен шоколад, нарязан на много малки парченца
- 3 супени лъжици Kahlua, Grand Marnier, Cointreau или triple sec, или заместител портокалов сок

Упътвания

a) Поставете тофуто, ванилията, меда, чилито на прах, солта и канелата в купата на кухненски робот, снабден със стоманено острие.

b) Поставете купа от неръждаема стомана върху малка до средно голяма тенджера с вряща вода. Добавете шоколада и ликьора или портокаловия сок в тенджерата и разбърквайте често с дървена лъжица, докато шоколадът се разтопи напълно, 1-2 минути.

c) Добавете шоколадовата смес към кухненския робот и обработете с другите съставки за 1 минута, като спрете, ако е необходимо, за да изстържете стените на купата. Изсипете сместа в голяма купа или в отделни малки чинии за сервиране.

d) Покрийте с пластмасова обвивка и охладете за няколко часа.

75. Банани и мандарина с ванилов сос

4 порции по четвърт чаша

съставки

За крем сос

- 1/4 чаена лъжичка канела
- 2 чаши соево мляко с вкус на ванилия
- 1 супена лъжица олио за готвене
- 2 супени лъжици нектар от агаве
- 1/2 чаена лъжичка ванилов екстракт
- 1/4 чаена лъжичка сол

Да свърша

- 3 чаши нарязани на кубчета банани
- 1 чаша мандарини портокали

Упътвания

a) Направете сос от крем крем. Поставете канелата в малка тенджера и разбъркайте в соевото мляко една супена лъжица или 2 наведнъж, докато се смесят добре.

b) Разбъркайте на тънка струйка останалото мляко и добавете олиото. Оставете да заври и оставете да къкри, докато се сгъсти до консистенцията на светъл крем, около 10 минути.

c) Довършете десерта. Оставете соса да поври леко и го залейте върху нарязаните плодове.

76. Сорбет от Ямайка

5 порции по половин чаша

съставки

- 2-1/2 чаши сушени листа от Ямайка (налични в испански бакалии)
- 1 литър вода
- 1/2-унция пресен джинджифил, ситно нарязан 1 чаша захар
- 1 супена лъжица прясно изцеден сок от лайм
- 2 супени лъжици лимончело

Упътвания

a) Направете чай. Поставете листата от Ямайка в тенджера или купа, оставете водата да заври и я изсипете върху листата. Покрийте и накиснете за 15 минути. Прецедете чая и изхвърлете Ямайката.

b) Направете основата на сорбето. Поставете джинджифила в блендер, добавете 1 чаша чай и разбийте до пълно пюре, 1-2 минути. Добавете още 1-1/2 чаши чай и разбъркайте отново.

c) Изсипете основата на сорбето в тенджера, добавете захарта и оставете да заври, като разбърквате, за да се разтвори захарта. Свалете съда от котлона веднага щом основата на сорбето заври. Разбъркайте със сока от лайм и охладете. Охладете основата, докато достигне 60°F.

d) Замразете сорбето. Добавете лимончелото към охладената основа и го изсипете във машина за сладолед. Замразете според указанията на производителя, докато замръзне, но все още е киша, 20-30 минути.

77. Манго на скара

4 порции

съставки

- 4 зрели манго
- 3 супени лъжици нектар от агаве или заместител на захарта Спрей за готвене
- Резенчета лайм

Упътвания

Загрейте скара до висока степен или загрейте грил тиган на висока температура.

a) Нарежете мангото. Винаги е трудно да се знае точно къде са семената на мангото, така че пробата и грешката са най-доброто решение. Целта е да нарежете мангото на възможно най-големи парчета без семките. Поставете манго отстрани и го нарежете наполовина, извън центъра, за да пропуснете семката.

b) По същия начин нарежете и останалите три страни на мангото. След това щрихирайте плодовете на квадратчета с размер около 1/2 инча.

c) Като разрежете плода само до кората, но не и през нея. Направете разрезите на половин инч едно от друго в една посока, след което направете същото в другата посока, за да създадете щрихования дизайн.

d) Пригответе нарязаното манго. Намажете с четка малко нектар от агаве върху срязаните повърхности на всяко манго, след което напръскайте с малко спрей за готвене.

e) Печете мангото на скара с месестата част надолу за минута или 2, или само докато се запържат със следи от скара, но не ги гответе, докато не омекнат и се загреят напълно.

f) Запазването на твърдата текстура и контраста между горещата повърхност и по-хладната вътрешност е важно.
g) Сервирайте мангото с резенчета лайм.

78. Бърз плодов пудинг

4 порции

съставки

- 2 банана, обелени, нарязани на 1/2-инчови кръгчета и замразени върху лист алуминиево фолио
- 3 чаши обелено и нарязано манго или друг плод
- 2 супени лъжици прясно изцеден сок от лайм
- 2 супени лъжици нектар от агаве
- 1/8 чаена лъжичка сол
- Ментови листа

Упътвания

a) Поставете всички съставки в купата на кухненски робот, снабден със стоманено острие, или в блендер и обработете, докато станат течни, гладки и кремообразни.

b) Гарнирайте с ментата.

79. Банани на скара в кокосов сос

4 порции

съставки

- 1/2 чаша лайт кокосово мляко
- 2 супени лъжици нектар от агаве
- 1 супена лъжица вода
- 4 банана, обелени

Упътвания

a) Направете кокосовия сос. Оставете кокосовото мляко и нектара от агаве да заври в малка тенджера.

b) Изпечете бананите на скара и сервирайте. Загрейте скара или грил тиган на висока степен.

c) Намажете бананите с част от кокосовия сос, като оставите останалия, и изпечете на скара от двете страни, докато имат следи от скара и тепърва започват да омекват. Не ги преварявайте или ще се разпаднат.

d) Поднесете бананите поляти с още малко сос.

80. Сорбе от манго

8 порции трета чаша

съставки

- 2-1/2 чаши обелено, почистено от семена и нарязано манго
- 3-1/2 супени лъжици захар
- Малко 2/3 чаша вода
- 1/2 чаена лъжичка канела
- 1/2 чаена лъжичка смлян бахар
- 1 супена лъжица лимончело

Упътвания

a) Смесете всички съставки до пюре.
b) Изсипете пюрето в машина за сладолед и замразете според указанията на производителя.
c) Обикновено отнема между 15 и 20 минути.

81. Флан

6 порции от четири унции

съставки

- 1 чаша обезмаслено кондензирано мляко
- 1 чаша 2% мляко
- 1/4 чаша обезмаслено кондензирано мляко
- 1 чаена лъжичка ванилов екстракт
- 2 големи яйца
- 4 белтъка от големи яйца
- Спрей за готвене
- 6 супени лъжици нектар от агаве

Упътвания

a) Загрейте фурната си до 325°F.

b) Направете основата на флана. Комбинирайте съставките, с изключение на спрея за готвене и нектара от агаве, в блендер и пасирайте, докато се смесят напълно, около 1 минута.

c) Подгответе флана за печене. Напръскайте шест рамекина от 4 унции, подходящи за фурна, с малко спрей за готвене и ги поставете в съд за печене, в който пасват доста плътно. Напълнете рамекините до 1/4 инча от горната част с основата на флана. Налейте достатъчно много гореща чешмяна вода в съда за печене, за да достигне половината от стените на рамекините.

d) Изпечете флана. Поставете тавата за печене с напълнените рамекини във фурната за 40 минути или докато блатовете се стегнат и стегнат. Извадете съда за печене от фурната и рамекините от съда.

e) Оставете блатовете да се охладят, след това ги покрийте с найлоново фолио и охладете, докато изстинат. Сервирайте всеки флан, покрит с 1 чаена лъжичка нектар от агаве.

ПОДПРАВКИ

82. кориандър сос

Добив: 3 чаши

Съставка

- 2 средни Лук(и), нарязан на четвъртинки
- 5 Скилидки чесън)
- 1 зелен пипер,
- Без сърцевина, семена, нарязани на кубчета
- 12 Качуча чушки
- Стъбла и семена или
- 3 супени лъжици Нарязан на кубчета червен пипер
- 1 връзка Кориандър
- Измити и почистени от дръжките
- 5 C i l a ntro си тръгва
- 1 ч.л Сушен риган
- 1 чаша Екстра върджин зехтин
- $\frac{1}{2}$ чаша Червен винен оцет
- Сол и черен пипер

Упътвания

a) Пасирайте лука, чесъна, чушките, кориандъра и ригана в кухненски робот. Добавете зехтина, оцета, солта и черния пипер и пюрирайте до гладкост.

b) Коригирайте подправката, като добавите още сол или оцет на вкус.

c) Прехвърлете соса в чисти стъклени буркани. Охладен, той ще се запази няколко седмици.

83. Мексикански адобо на прах

Добив: 1 чаша

Съставка

- 6 супени лъжици Кошерна сол
- 2 супени лъжици бял пипер
- 2 супени лъжици Кимион
- 2 супени лъжици Чесън на прах

Упътвания

a) Комбинирайте солта, зърната черен пипер и семената от кимион в сух тиган и гответе на умерен огън, докато подправките са леко препечени и ароматни, около 3 минути. Прехвърлете сместа в купа да се охлади.

b) Комбинирайте печената смес от подправки и чесън на прах в мелничка за подправки и смелете на фин прах.

c) Съхранявайте в херметически затворен контейнер; ще се запази няколко месеца.

84. Мексиканско зелено софрито

Добив: 1 чаша

Съставка

- 2 супени лъжици Зехтин
- 1 малка Лук(ове)
- Ситно нарязан (1/2 чаша)
- 1 връзка Лук, подрязан
- Ситно нарязани
- 4 Скилидка(и) чесън, смляна
- 1 Зелена чушка
- Без сърцевина, със семена
- Ситно нарязани
- $\frac{1}{4}$ чаша Кориандър, нарязан
- 4 Кулентро си тръгва
- Ситно нарязани (опция)
- $\frac{1}{2}$ чаена лъжичка Сол или на вкус
- Черен пипер на вкус

Упътвания

a) Загрейте зехтина в тиган с незалепващо покритие. Добавете лука, лука, чесъна и чушката.

b) Гответе на умерен огън, докато омекнат и станат полупрозрачни, но не покафенеят, около 5 минути, като разбърквате с дървена лъжица.

c) Разбъркайте кориандъра, магданоза, солта и черния пипер. гответе сместа още минута-две. Коригирайте подправката, като добавите сол и черен пипер на вкус.

d) Прехвърлете в чист стъклен буркан. Охладен, той ще се запази до 1 седмица.

85. Свинско триене по мексикански

Добив: 1 порция

Съставка

- 2 супени лъжици кимион; земята
- 2 супени лъжици Чесън; кайма
- 2 супени лъжици кориандър; пресни, грубо нарязани
- 2 супени лъжици Черен пипер; прясно напукан
- 2 супени лъжици Сол
- 2 супени лъжици бял оцет
- 2 супени лъжици Жълта горчица
- 2 супени лъжици пипер халапеньо; кайма
- 2 супени лъжици Зехтин

Упътвания

a) Комбинирайте всички съставки и разбъркайте добре. Използвайте до два дни след приготвянето.

b) Натрийте свинското дупе със смес от подправки и опушете за $1\frac{1}{2}$ часа на килограм при 240-250F.

86. Зеленчуков дип

Добив: 12 порции

Съставка

- 1 чаша майонеза
- 1 чаша Сметана
- $\frac{1}{4}$ чаена лъжичка Чесън на прах
- 1 ч.л Люспи от магданоз
- 1 ч.л Подправена сол
- $1\frac{1}{2}$ чаена лъжичка Семена от копър

Упътвания

a) Смесете всички съставки и охладете. Най-добре направеният ден напред.

b) Сервирайте със сурови зеленчуци: целина, моркови, краставици, чушки, карфиол и др.

87. Потапяне във Валарта

Добив: 16 порции

Съставка

- $6\frac{1}{2}$ унция Консерва риба тон - отцедена
- 1 Зелен лук - нарязан
- 3 супени лъжици Гореща чили салса
- 4 супени лъжици майонеза
- 8 Стръкове кориандър или на вкус
- Сок от лимон или лайм
- Сол на вкус
- Тортила чипс

Упътвания

a) В купа разбъркайте риба тон, лук, салса, майонеза и кориандър. Подправете на вкус с лимонов сок и сол; регулирайте другите подправки на вкус. Сервирайте с чипс.

b) Нарежете зеления лук на парчета с дължина 1 инч и го поставете в процесор, снабден със стоманено острие. Добавете стръкове кориандър и обработете за 3 до 5 секунди. Добавете риба тон, салса, майонеза, лимонов сок и сол; пулсирайте няколко пъти, за да комбинирате.

c) Опитайте на вкус, коригирайте подправките и разбийте един или два пъти повече.

d) Извадете от хладилника около 30 минути преди сервиране.

88. Тако подправка

Прави 1/3 ЧАША

съставки

- Суха кора от 1 лайм (по желание)
- 2 супени лъжици чили на прах
- 1 супена лъжица смлян кимион
- 2 супени лъжици фино смляна морска сол
- 2 супени лъжици смлян кориандър
- 1 чаена лъжичка червен пипер
- 1/2 чаена лъжичка прясно смлян пипер
- 1/8 чаена лъжичка лют червен пипер (по избор)

Упътвания

a) Това е незадължителна, но вкусна стъпка, така че я препоръчвам - кора от 1 лайм. Поставете кората или в малък съд на слънчев перваз на прозореца, изсушете в дехидратор или във фурна, загрята до 175°F, за около 10-15 минути, докато цялата влага изчезне.

b) Хвърлете всички съставки в купа, докато се смесят добре.

c) Съхранявайте на хладно и тъмно място в херметически затворен стъклен съд.

89. Салса от пресни билки домати и царевица

ПРАВИ ОКОЛО 31/2 ЧАШИ

съставки

- Пакет от 6,10 унции замразена царевица или
- 4 кочана прясна царевица
- 1 голям зрял домат, нарязан на кубчета
- 1/2 средно голяма глава червен лук, нарязан на ситно
- 1 чушка халапеньо, почистена и нарязана на кубчета
- 3 супени лъжици балсамов оцет
- 2 супени лъжици нарязан пресен босилек
- 2 супени лъжици нарязан пресен кориандър
- морска сол на вкус

Упътвания

a) Комбинирайте всичко в голяма купа и разбъркайте добре.

b) Оставете да престои 1 час на стайна температура или в хладилник, за да се смесят вкусовете.

90. Гуакамоле от бял боб

Прави около 3 чаши

съставки

- 2 леко опаковани чаши грубо нарязано/нарязано зряло авокадо
- 1 чаша бял боб 1/2 чаена лъжичка морска сол
- 2-21/2 супени лъжици лимонов сок
- Вода, за разреждане по желание

Упътвания

a) Поставете авокадото, белия боб, морската сол, лимоновия сок и водата в кухненски робот или блендер и разбийте до гладкост.

b) Подправете на вкус с допълнително сол и/или лимонов сок.

НАПИТКА

91. Нискокалорично смути с кактус

1-2 порции

съставки

- 1/2 чаша почистени и нарязани на кубчета парченца кактус
- 1 чаша портокалов сок, сок от нар или друг сок Малка шепа лед

Упътвания

a) Изплакнете обилно парчетата кактус под студена течаща вода и ги сложете заедно със сока и леда в блендер.

b) Блендирайте, докато се втечни напълно, 1-2 минути.

92. Атол

4 порции

съставки

- 1/2 чаша брашно
- 1/4 чаена лъжичка смляна канела
- 1/8 чаена лъжичка сол
- 5 чаши обезмаслено мляко или вода
- 4 супени лъжици нектар от агаве
- 1 чаена лъжичка ванилов екстракт

Упътвания

a) Сложете брашното в голяма тенджера с канелата и солта.

b) Разбъркайте бавно млякото или водата, докато брашното се разтвори напълно.

c) Добавете нектара от агаве и ванилията, оставете да заври и гответе на слаб огън за 5 минути, като бъркате непрекъснато, за да не стане на бучки и да не залепне за дъното на съда.

93. Чампурадо

4 порции

съставки

- Атол
- 2 унции шоколад със 70% съдържание на какао

Упътвания

a) Добавете шоколада към Atole, след като къкри 4 минути.

b) Гответе още 1 минута, като разбърквате, докато шоколадът се разтопи.

94. Агуас Фрескас

4 порции

съставки

- 2 чаши пресни плодове
- 1-2 супени лъжици прясно изцеден сок от лайм 2 чаши вода
- 2-4 супени лъжици нектар от агаве или заместител на захарта 1 чаша натрошен лед

Упътвания

a) Пасирайте плодовете, сока от лайм, водата и нектара от агаве в блендер.

b) Прецедете в кана и добавете леда.

95. Хорчата де Мелон

Около 4 порции от дванадесет унции

съставки

- 2 супени лъжици прясно изцеден сок от лайм (по желание)
- 1 зрял пъпеш, приблизително 2 паунда, даващ около 1 паунд чисти плодове и семена, 2-1/2 чаши
- 2-1/2 чаши вода
- 2 супени лъжици нектар от агаве или заместител на захарта (по избор)
- 1/2 чаена лъжичка ванилов екстракт

Упътвания

a) Поставете сока от лайм, ако използвате, 1 чаша вода и плодовете и семената в блендер и пасирайте. Добавете останалата част от водата, подсладителя, ако използвате, и ванилията и разбъркайте добре.

b) Прецедете Horchata в кана и охладете или сервирайте върху лед.

96. Сангрита

Около 3 чаши

съставки

- 2 средно големи люти чушка анчо, препечени и рехидратирани
- 2-1/2 чаши пресен портокалов сок
- 3-1/2 супени лъжици гренадин
- 1 чаена лъжичка сол

Упътвания

a) Сложете всички съставки в блендер и пасирайте.
b) Прецедете и охладете сместа преди сервиране.

97. Кокосово яйце

Добив: 1 порции

Съставка

- 13/16-кварта Лек мексикански ром
- Кора от 2 лайма; (настърган)
- 6 Яйчни жълтъци
- 1 кутия Сладко кондензирано мляко
- 2 кутии (голямо) кондензирано мляко
- 2 кутии Кокосов крем; (като Коко Лопес)
- 6 унции Джин

Упътвания

a) Смесете половината от рома с кората от лайм в блендер на висока скорост за 2 минути.

b) Прецедете и сложете в голяма купа. Добавете останалата част от рома.

c) В блендер смесете жълтъците, двете млека и джина, докато се смесят добре.

d) Изсипете $\frac{3}{4}$ от тази смес в купа с ром. Смесете останалото с кокосовата сметана и разбъркайте добре. добавете към сместа с ром, разбъркайте добре и охладете.

98. Мексикански яйчен ликьор

Добив: 16 порции

Съставка

- 2 чаши вода
- 8 канелени пръчици
- 6 големи жълтъка
- 3 (12 унции) кутии изпарен
- 1 чаша мляко
- 2 Консерви кокосово мляко
- 3 (14 унции) кутии подсладени
- 1 чаша кондензирано мляко
- 3 чаши бял ром

Упътвания

a) В тенджера от 2 литра загрейте водата и пръчиците канела до кипене на силен огън. Намалете топлината до средна и гответе, докато течността се намали до една чаша. Отстранете пръчиците канела и оставете течността настрана, за да се охлади до стайна температура.

b) В 3-литрова тенджера с телена бъркалка разбийте жълтъците и изпареното мляко, докато се смесят добре.

c) Варете на слаб огън при непрекъснато бъркане, докато сместа се сгъсти и покрие лъжица - около 10 минути.

d) Заделени.

e) Когато течността с вкус на канела се охлади, разбъркайте кокосовото мляко, докато се смеси добре.

f) В купа за сервиране смесете кокосова смес, жълтъчна смес, подсладено кондензирано мляко и ром. Охладете добре и сервирайте.

99. мексиканско мохито

Добив: 2 чаши

Съставка

- 6 Аджи дулсе чушки или
- $1\frac{1}{2}$ супена лъжица Червен пипер, нарязан на кубчета
- $\frac{1}{2}$ Зелена чушка, нарязана на кубчета
- 5 Скилидки чесън)
- Едро нарязани
- 2 Шалот, едро нарязан
- 1 Домат
- Обелени и почистени от семките
- $1\frac{1}{2}$ супена лъжица Каперси, отцедени
- $1\frac{1}{2}$ чаена лъжичка Сушен риган
- $\frac{1}{2}$ чаша Листа кориандър
- Измити и почистени от дръжките
- $\frac{1}{4}$ чаша Доматена паста
- 2 супени лъжици Екстра върджин зехтин
- 1 супена лъжица Сок от лайм
- Сол и черен пипер на вкус

Упътвания

a) Традиционно се сервира като сос за потапяне на чипс от живовляк и пържени пюрирани зелени живовляк. Също така е чудесен за потапяне на тортила чипс и прави фин коктейлен сос за скариди и други морски дарове.

b) Смесете чушките, чесъна, шалота, домата, каперсите, ригана и кориандъра в кухненски робот и смелете до гладко пюре. Работете с доматеното пюре, зехтина, сока от лайм и солта и черния пипер.

c) Прехвърлете в чист буркан с нереактивен капак. Охладен, той ще се запази 1 седмица.

100. мексиканско капучино с ром

Добив: 1 порции

Съставка

- $1\frac{1}{2}$ унция Тъмен ром
- 1 чаена лъжичка захар
- Горещо силно кафе
- Парено мляко
- Бита сметана
- Мляна канела

Упътвания

a) Комбинирайте ром и захар в чаша.

b) Добавете равни части кафе и мляко.

c) Отгоре се залива със сметана и канела.

ЗАКЛЮЧЕНИЕ

Автентичната мексиканска храна е жизнена, вкусна, свежа и забавна. Освен това е колоритен, пикантен и използва невероятно разнообразие от люти чушки, пресни и сушени. Много съставки са лесно достъпни навсякъде, като домати, лайм, кориандър, червен лук, авокадо и царевица, а специалните съставки стават все по-лесно достъпни по целия свят.

CPSIA information can be obtained
at www.ICGtesting.com
Printed in the USA
LVHW082119100223
739217LV00009B/658

9 781805 426233